募投项目实战手册

易婉华 ◎ 著

化学工业出版社

·北京·

内容简介

募投项目筹划和报告对应的是招股书里的募集资金运用章节，是招股书中的重要一环。募投项目咨询业务已经成为咨询业的一门独特业务，甚至有以从事募投项目策划和可行性研究咨询为生的咨询公司。

《募投项目实战手册》运用专业理论知识并结合作者多年的工作实践，用通俗易懂的语言，把募投项目筹划和可行性研究框架、模型和工具方法论手把手教给大家。书中还展示了实操案例，让读者更容易对照并匹配自身公司的实际情况，从而未雨绸缪地为公司未来上市和再融资筹划募投项目。

图书在版编目（CIP）数据

募投项目实战手册/易婉华著. —北京：化学工业出版社，2024.2
ISBN 978-7-122-44433-2

Ⅰ.①募…　Ⅱ.①易…　Ⅲ.①股权-投资基金-投资项目-手册　Ⅳ.①F830.59-62

中国国家版本馆CIP数据核字（2023）第215946号

责任编辑：刘　丹　　　　　　　装帧设计：王晓宇
责任校对：杜杏然

出版发行：化学工业出版社
　　　　　（北京市东城区青年湖南街13号　邮政编码100011）
印　　装：三河市双峰印刷装订有限公司
710mm×1000mm　1/16　印张15¾　字数163千字
2024年2月北京第1版第1次印刷

购书咨询：010-64518888　　　售后服务：010-64518899
网　　址：http://www.cip.com.cn
凡购买本书，如有缺损质量问题，本社销售中心负责调换。

定　　价：78.00元　　　　　　　　　　版权所有　违者必究

募投项目
实战手册

前言
PREFACE

2023年，中国资本市场迎来了一件里程碑大事件——资本市场全面注册制来临。这标志着中国已基本建立起完善的多层次资本市场体系，是中国经济持续健康发展的关键因素。注册制结束了长期以来资本市场的审核制度，证券监管机构的职责是仅对申报文件的全面性、准确性、真实性和及时性作形式审查，不对发行人的资质进行实质性审核和价值判断，而将发行公司股票的良莠留给市场来决定。此时，全面的信息披露变得尤其重要，对募集资金运用的信息披露也提出了新的要求。

募投项目筹划和报告对应的是招股书里的募集资金运用章节，是招股书里的重要一环。目前市场上尚未出版关于募投项目的专业书籍，从开始的"摸着石头过河"发展至今，募投项目咨询业务已经成为咨询业的一门独特业务，甚至有专门以从事募投项目策划和可行性研究咨询为生的公司。市场已经很成熟，但缺乏专业的指导书籍。笔者撰写本书的初衷是想运用专业理论知识并结合自己多年的工作实践，用通俗易懂的语言，把募投项目筹划和可行性研究框架、模型和工具方法论手把手教给大家，并展示具体实操案例，让读者更容易对照和匹配自己公司的实际情况，从而未雨绸缪地为公司未来上市和再融资筹划募投项目。

本书为广大读者提供以下几个价值。

1.内容丰富，知识系统

本书不是简单的知识点和管理工具的汇总，而是系统地阐述一个募投项目从0到1的落地过程所涉及的全过程知识体系和方法论。"倒金字塔"模型是笔者和同事在10年工作经验中总结摸索出的一套实用模型，强调战略的重要性，从战略规划的顶层设计入手，确定募投项目就是企业的战略选择，然后对募投项目的投资规模、必要性和可行性各个模块进行讲解，确保读者能够从整体上了解和掌握募投项目的系统知识和工具模型。

2.理论与实操相结合，更注重实操

本书不仅涵盖了募投项目的各类常用知识点，还系统地给出了募投项目筹划和可行性研究所需的模型、工具、方法论和参考法规，通过"模型、工具、表格"的方式引导实务操作案例，可以让读者在学习募投项目筹划和可行性研究方面的知识的同时，更高效地完成募投项目筹划和可行性研究的实操性工作。

3.通俗易懂，受众广泛

本书与专业科班教材有很大区别，没有太多的专业术语，以通俗易懂的语言为主，目的是降低阅读难度，满足广大读者的需求。本书可供上市公司和拟上市公司的证券部和战略部、中介机构（券商、律所、会所）、咨询顾问相关从业者阅读，还可作为大专院校相关专业的辅导教材。

著者

目录
CONTENTS

第一章　了解募投项目 ……………………………………………………… 001

　第一节　什么是募投项目 ……………………………………………… 002

　第二节　募投项目可行性研究："倒金字塔"模型 ………………… 004

　　一、第一步——"做什么" ………………………………………… 005

　　二、第二步——"多大规模" ……………………………………… 025

　　三、第三步——"必要性" ………………………………………… 031

第二章　如何做募投项目 …………………………………………………… 041

　第一节　募投项目可行性的三个维度 ……………………………… 042

　第二节　市场可行性分析 …………………………………………… 045

　　一、行业研究的基本功 …………………………………………… 047

　　二、信息获取的方法和渠道 ……………………………………… 048

　　三、行业研究的框架模块 ………………………………………… 053

　　四、行业研究的常见错误 ………………………………………… 061

　第三节　技术可行性分析 …………………………………………… 064

　　一、产品性能及应用 ……………………………………………… 065

　　二、工艺流程 ……………………………………………………… 067

三、技术工艺先进性分析 ················ 070

四、成熟度分析 ··········· 071

五、可批量化生产 ··········· 071

第四节　经济效益可行性分析 ··········· 072

一、经济效益关键指标 ··········· 072

二、建设项目经济评价方法 ··········· 074

三、经济效益关键指标分析 ··········· 104

第三章　从筹划到落地——固定资产投资类项目 ··········· 115

第一节　生产基建类募投项目（新建、扩建）··········· 117

一、智慧安防企业定增项目（2020年项目启动）··········· 117

二、项目启动与准备工作 ··········· 119

三、生产基建类项目可行性分析 ··········· 125

四、落地情况：成功发行，项目延缓 ··········· 132

第二节　技术改造类募投项目 ··········· 133

一、新材料企业IPO项目（2018年项目启动）··········· 133

二、项目启动与准备工作 ··········· 136

三、技术改造类项目可行性分析 ··········· 139

四、落地情况：成功上市，顺利施工 ··········· 149

第三节　研发中心类募投项目 ··········· 149

一、项目背景资料——航空维修与机载设备制造
企业IPO项目（2012年项目启动）··········· 149

二、项目启动与准备工作 ··········· 152

三、研发中心类项目可行性分析 ·························· 155

四、落地情况：成功上市，利润增长 ·················· 162

第四章　从筹划到落地——非固定资产投资类项目 ········ 163

第一节　营销网络类募投项目 ·························· 164

一、珠宝企业IPO项目（2011年项目启动）·········· 164

二、项目启动与准备工作 ···························· 166

三、营销网络类项目可行性分析 ···················· 169

四、落地情况：业绩下滑，上市失败 ················ 177

第二节　信息化类募投项目 ·························· 178

一、航材及航化品分销企业IPO项目（2020年项目启动）····· 178

二、项目启动与准备工作 ···························· 180

三、信息化类项目可行性分析 ······················ 183

四、落地情况：成功上市，稳步发展 ················ 195

第三节　补充流动资金类募投项目 ···················· 196

一、建筑装饰企业IPO项目（2018年项目启动）······ 196

二、项目启动与准备工作 ···························· 199

三、补充流动资金类项目可行性分析 ················ 201

四、落地情况：环境影响，上市失败 ················ 205

第五章　各板块的法规要求 ···························· 207

第一节　主板对募投项目的法规要求 ·················· 209

一、主板IPO招股说明书关于募集资金运用的制度规则 ······· 210

二、主板不定向增发募集说明书关于募集资金运用的
制度规则 ……………………………………………212

三、主板定向增发募集说明书关于募集资金运用的
制度规则 ……………………………………………217

第二节 创业板对募投项目的法规要求 ……………………221

一、创业板IPO招股说明书关于募集资金运用的
制度规则 ……………………………………………221

二、创业板不定向增发募集说明书关于募集资金运用的
制度规则 ……………………………………………223

三、创业板定向增发募集说明书关于募集资金运用的
制度规则 ……………………………………………227

第三节 科创板对募投项目的法规要求 ……………………229

一、科创板IPO招股说明书关于募集资金运用的
制度规则 ……………………………………………230

二、科创板不定向增发募集说明书关于募集资金运用的
制度规则 ……………………………………………231

三、科创板定向增发募集说明书关于募集资金运用的
制度规则 ……………………………………………236

第四节 北交所对募投项目的法规要求 ……………………238

一、北交所IPO招股说明书关于募集资金运用的
制度规则 ……………………………………………239

二、北交所不定向增发募集说明书关于募集资金运用的
制度规则 ……………………………………………240

三、北交所定向增发募集说明书关于募集资金运用的
制度规则 ……………………………………………242

后 记 ……………………………………………………243

CHAPTER
ONE
第一章

了解募投项目

募投项目
实战手册

第一节
什么是募投项目

企业IPO（首次公开发行股票）的关键是"讲好投资故事"，投资者关注企业的现在，更关注企业的未来。因此，企业的战略定位及未来的战略方向都是非常重要的，将直接影响上市公司的市盈率和估值。

例如，亚马逊做电商很多年之后利润还是负的，但是亚马逊的故事是这么讲的：亚马逊本就是电商领域的老大，在电商市场已经获得50%以上的份额。如果你相信电商一定是未来的话，电商在未来替代传统零售一半的份额，那么亚马逊就能够获得25%的零售市场份额，足以跟沃尔玛竞争。这就是亚马逊上市故事的基本逻辑。

又如，电动车是汽车行业的未来方向，特斯拉2003年成立于美国加州，专门从事纯电动汽车的生产，上市之前一直亏损。2010年6月上市时，特斯拉的股价仅约17美元，2021年11月30日特斯拉的股价一度达到414美元，11年股价上涨约24倍。事实证明，低碳社会决定了电动车是汽车行业的未来。机构LMC Automotive和网站EV-Volumes的初步研究显示，2022年全球纯电动汽车销量总计约780万辆，同比增长68%。全球电动汽车的市场销量份额首次达到了10%。这就是特斯拉上市故事的基本逻辑。募投项目是公司未来战略规划的落地，可以利用该项目让科技实现量产、在量产中改进科技，即打造一个逻辑清晰、让人信服的故事。

在解释什么是募投项目之前，我们首先要了解什么是投资项目。

根据国家发展和改革委员会（以下简称发展改革委）2017年3月8日公布、2023年3月23日修订的《企业投资项目核准和备案管理办法》，企业投资项目是指企业在中国境内投资建设的固定资产投资项目，包括企业使用自己筹措资金的项目，以及使用自己筹措的资金并申请使用政府投资补助或贷款贴息等的项目。国家发展改革委对关系国家安全、涉及全国重大生产力布局、战略性资源开发和重大公共利益等项目，实行核准管理，其他项目实行备案管理。

募投项目是企业投资项目的一种，是指企业通过资本市场IPO或再融资募集来的资金所投资的项目。在招股说明书中，募投项目直接体现在募集资金运用章节。募投项目应符合国家产业政策、环境保护、土地管理及其他法律法规的要求。募投项目应通过全国投资项目在线审批监管平台申请备案，该平台实行网上受理、办理、监管和服务，实现核准、备案过程和结果可查询、可监督。同时，募投项目涉及基建类投资的，还需要制定环境影响评价（简称环评）报告或者环评表向当地生态环境局备案，以确保募投项目符合环保要求，不对周边环境造成不良影响。

第二节
募投项目可行性研究："倒金字塔"模型

一项规范、完整的可行性研究，其研究内容体现为一个环环相扣的"倒金字塔"结构：首先，根据行业的发展趋势和企业的发展战略，确立募投方向；其次，参照同类可比公司和企业现有管理水平，确定项目规模；再次，论述项目建设的必要性；最后，在此基础上从市场、技术和财务三个角度论述项目建设的可行性。可行性研究的"倒金字塔"模型如图1-1所示。

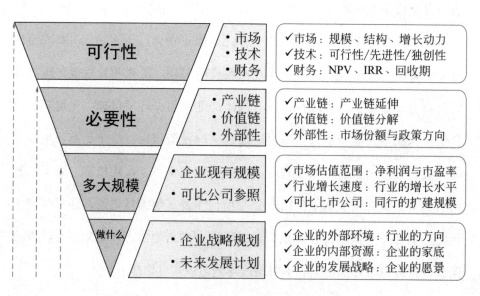

图1-1 可行性研究的"倒金字塔"模型

一、第一步——"做什么"

如何筹划募投项目？这是一个系统问题，绝对不是以"拍脑袋"这样简单粗暴的方式来确定的。

"倒金字塔"模型的第一步就是回答"做什么"的问题，募投项目与企业未来三五年的发展规划密不可分，是企业战略规划的落地项目，如图1-2所示。

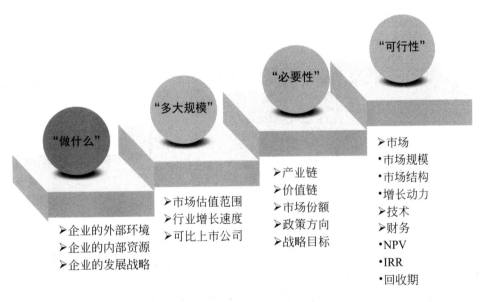

图1-2　可行性研究的方法论"做什么"分析

如何确定募投项目？我们在日常工作中通过三个步骤来筹划募投项目。

（一）未来应该做什么

我们通过企业的外部环境分析来确定行业的未来发展方向，给企业提供一些参考方向，回答企业"未来应该做什么"的问题。

宏观环境分析是分析政策法规、经济环境、社会文化和技术发展等方面因素的变化趋势对行业的影响，如图1-3所示。

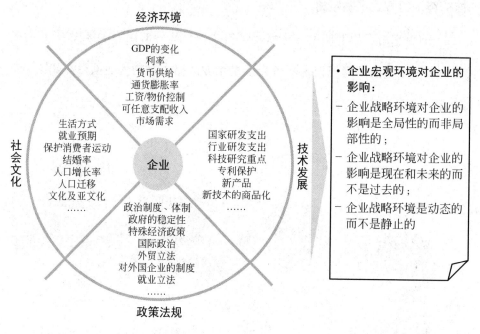

图1-3 宏观环境分析

SCP模型❶从三个角度帮助我们对行业进行深入了解，尤其不能忽视"外来冲击"对行业的影响。例如，科学技术的突破、社会文化的变迁以及产业政策的变动会给行业带来重大影响（机遇或威胁），如图1-4所示。

---

❶ SCP，即structure conduct performance的首字母缩写，也称为结构—行为—绩效模型。

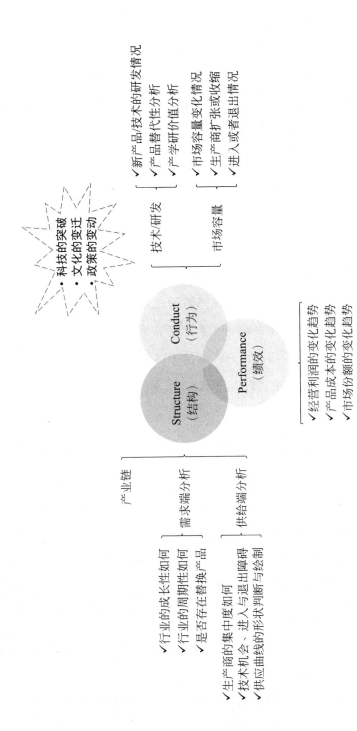

图1-4　结构—行为—绩效模型（SCP模型）

1.Structure（结构）

结构分析从产业链、需求端、供给端三个方面进行分析。

其一，产业链分为上游、中游、下游。上游指供应商，中游指生产商，下游指终端客户。通过对产业链的分析，确定产业链上游是谁，明确产业链各环节之间的竞合关系，明确产业链的主导者是谁，明确影响产业链发展的关键因素是什么，才能预测产业发展趋势。

其二，需求端分析，通过对终端用户的研究分析，明确行业的成长性和下游市场需求量，明确行业的周期性，判断是否存在替代产品，才能预测产业的下游市场规模。

其三，供给端分析，通过对供应商的研究分析，确定上游生产商的行业集中度，分析上游行业存在哪些技术发展机会、竞争者是否有进入与退出障碍，了解供应曲线倾斜度，分析商品价格与供给量之间的关系，判断产品定价的合理性，才能抓住行业技术的发展机遇。

2.Conduct（行为）

行为，关注行业技术与产品研发，以及行业的市场容量与产业规模。结合国家的产业政策，依据《〈中国制造2025〉重点领域技术路线图（2015版）》的政策指导，该路线图涵盖了《中国制造2025》确定的新一代信息通信技术产业、高档数控机床和机器人、航空航天装备、海洋工程装备及高技术船舶、先进轨道交通装备、节能与新能源汽车、电力装备、农业装备、新材料、生物医药及高性能医疗器械十大重点领域，并根据相关领域的发展趋势，细分了23个重点方向，每个重点方向又分了若干重点产品、重点技术和示范工程。该路线图成为中国制造业和制造业企业未来发展的重要参考。

对照该路线图分析本行业是否属于国家的重点领域，通过行业技术和产品研发的分析，了解新产品或新技术的研发情况进入哪个阶段、产品替代性分析如何、产学研合作的情况如何、专利发展情况如何。

通过研究行业的市场容量与产业规模，预测市场容量变化趋势如何、生产商竞争关系如何、行业集中度如何，了解潜在竞争者进入该行业存在哪些壁垒。

综上所述，通过对外部环境的分析，我们可以发现或者创造新的市场机会以获得竞争优势，包括时间/空间的机会、替代品的机会、购买链的机会、配套产品/服务的机会、战略集团的机会、细分市场的机会，如图1-5所示。

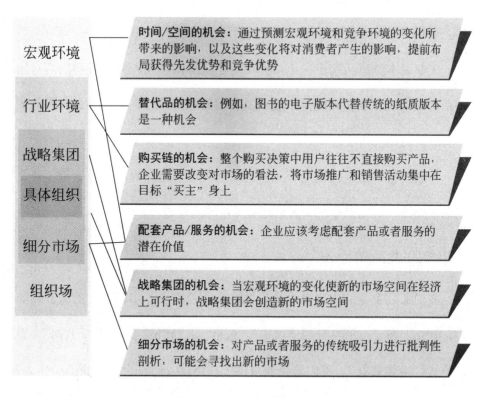

图1-5　发现市场机会

3.Performance（绩效）

绩效，关注行业的经济效益。行业经济效益主要通过四个指标来衡量：总资产贡献率、资产负债率、工业成本费用利润率、产品销售率。通过这四个指标，可以预测行业经济利润的变化趋势、产品成本的变化趋势、市场份额的变化趋势等行业发展趋势。

总资产贡献率：该指标反映企业全部资产的获利能力，是企业管理水平和经营业绩的集中体现，是评价和考核企业盈利能力的核心指标。

资产负债率：该指标既反映企业经营风险（偿债能力）的大小，又反映企业利用债权人提供资金从事经营活动的能力。

工业成本费用利润率：该指标是企业全部生产投入与实现利润的对比关系，既反映工业投入的生产成本及费用的经济效益，又反映企业降低成本所取得的经济效益。

产品销售率：该指标反映工业产品已实现销售的程度，是分析工业产销衔接情况、研究工业产品满足社会需求的重要指标。

（二）我能做什么

我们通过企业的内部资源分析摸清企业的家底，明确企业的资源和能力，让企业衡量一下自身的"重量"。俗话说："要清楚自己几斤几两""看菜吃饭，量体裁衣"。我们给企业提供一些建议，回答企业"我能做什么"的问题。

1.内部资源分析模型

内部资源分析模型介绍公司运营的价值链。价值链分析模型帮助企业分析自身的资源和能力现状，分析企业的优势、劣势，评估企业当前的核心能力。从公司战略、治理结构和组织结构出发，了解公司顶层战略思维以及公司治理规范程度和组织结构是否合理；了解公司内部业务运营现状以及存在哪些优缺点，挖掘核心竞争力和弥补不足；了解公司辅助部门，如财务、人力、后勤和信息化现状，是否充分发挥自身功能。内部资源分析模型如图1-6所示。

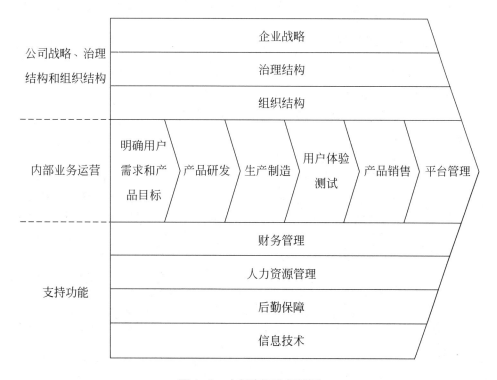

图1-6　内部资源分析模型

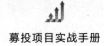

在此基础上，分析内部资源和能力。资源和能力可以分为：基本资源和独特资源、基本能力和核心能力，企业需要识别出自己的独特资源及核心能力。这就是募投项目规划中对公司管理层访谈必然会问到的一个问题："请问公司有哪些资源和能力可以作为核心竞争力？"如果管理层可以准确且快速地回答这个问题，并归纳总结出几个核心竞争力，则证明领导层和管理层对自身企业有深刻的认识，"知己知彼，方能百战百胜"。反之，如果管理层说话吞吞吐吐，无法清晰地表达，或者兜圈子聊其他事情，则证明公司管理层对企业认知不足，平日只是执行领导的命令，无战略思维，这样的领导层与管理层是脱节的，无法形成合力，未来发展潜力不足。资源和能力分类如图1-7所示。

	与竞争者相同 或易于模仿	优于竞争对手 且难以模仿
资源	基本资源	独特资源
	基本能力	核心能力

能力

- 独特资源指那些对组织的竞争优势有至关重要影响的资源
- 独特资源帮助组织维持向产品提供更高价值的能力，独特资源优于竞争对手的资源，且难以模仿
- 核心能力指对形成组织竞争优势发挥关键作用的活动或者流程
- 核心能力帮助组织创造并保持优于竞争对手的、能够更好地满足客户群对成功关键因素要求的能力，而且该能力很难被模仿

图1-7　资源和能力分类

通过对内部环境的分析识别出独特资源与核心能力，其又可以分为有价值的、稀有的、难以模仿的及不可替代的资源和能力。有价值的资源和能力可以帮助企业减少威胁及利用机会发展；稀有的资源和能力不被其他竞争对手拥有；难以模仿的资源和能力是其他企业不能轻易建立的能力；不可替代的资源和能力是企业唯一的"独门武功"，其他企业不具备战略对等性能力。

然后，我们通过业绩评价的方式给以上四种资源与能力打分，以竞争后果判断竞争是否具备优势。如果企业不具备这四种资源和能力，那么企业在行业内没有竞争优势，业绩也会低于行业平均回报；如果企业资源和能力是有价值的，但不具备其他三种资源和能力，那么企业处在一个充分竞争的市场，跟其他竞争者都是对等的竞争关系，只能获得行业平均业绩回报；如果企业资源和能力是有价值的，并且是稀有的，但不具备其他两种资源和能力，那么企业目前拥有短暂性的竞争优势，可以获得高于行业平均业绩回报，但是尚未有能力保持可持续的竞争；如果企业资源和能力具备以上四种独特资源与核心能力，那么企业已经修炼成了"独门武功"，必将"战无不胜，攻无不克"，可以获得高于行业平均业绩回报，而且有能力保持可持续的竞争优势，这是行业龙头企业的特征。业绩评价指标如表1-1所示。

表1-1 业绩评价指标

资源和能力是有价值的吗？	资源和能力是稀有的吗？	资源和能力是难以模仿的吗？	资源和能力是不可替代的吗？	竞争后果	业绩评价
否	否	否	否	竞争无优势	低于平均回报
是	否	否	否	竞争对等	等于平均回报
是	是	否	否	暂时性的竞争优势	小幅高于平均水平
是	是	是	是	可持续的竞争优势	大幅高于平均回报

2.内部资源和能力诊断

内部资源和能力诊断一般包括业务运营能力分析、财务能力分析、组织能力分析、人力资源能力分析、无形资源能力分析五个模块的诊断。

（1）业务运营能力分析

以生产型企业为例，通过运营价值链分析市场营销、研发管理、采购管理、生产管理、质量管理、售后服务这一运营价值链，梳理出需要具备的专业能力，如图1-8所示。

（2）财务能力分析

财务能力分析主要包括盈利能力、偿债能力、运营能力和发展能力分析。财务能力的评价指标如表1-2所示。

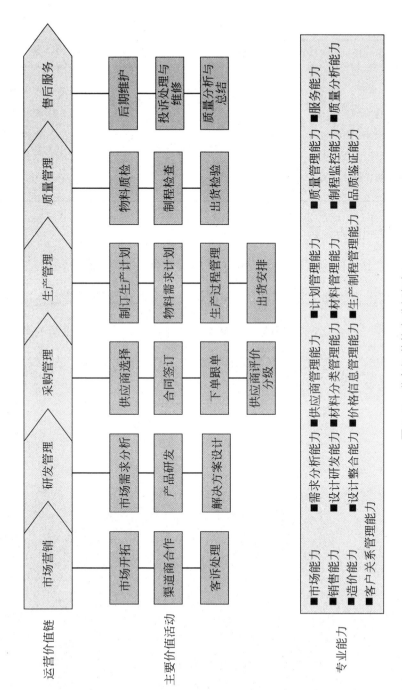

图1-8　业务运营能力分析框架

表1-2　财务能力评价指标

	盈利能力	偿债能力	运营能力	发展能力
财务指标	毛利率、净利率、净资产收益率、资产报酬率、净资产报酬率、股东权益报酬率等	流动比率、速动比率、现金比率、现金流量比率、资产负债率、股东权益比例、权益乘数、偿债保障比率、利息保障倍数等	存货周转率、应收账款周转率、流动资产周转率、固定资产周转率、总资产周转率等	营业收入增长率、总资产增长率、营业利润增长率、净利润增长率等

（3）组织能力分析

组织能力分析的框架模型，在这里向大家推荐杨国安教授的《组织能力的杨三角》中的杨三角模型，如图1-9所示。企业持续成功的关键因素是正确的战略及合适的组织能力。企业的持续成功不仅要有正确的战略指导，还需要强有力的团队去执行战略，合适的组织能力必不可少。

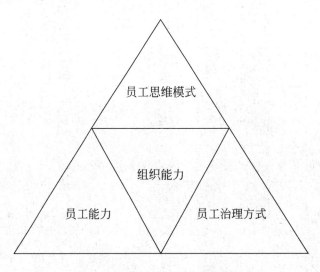

图1-9　组织能力的杨三角模型

① 支撑组织能力的第一个支柱是员工能力。如何培养员工能力？企业需要回答以下几个具体问题。

● 要打造所需的组织能力，公司具体需要什么样的人才？他们必须具备什么能力和特质？

● 公司目前是否有这样的人才储备？主要差距在哪里？

● 如何引进、培养、保留、借用合适的人才和淘汰不合适的人才？

② 打造组织能力的第二个支柱是员工思维模式。企业要考虑以下几个具体问题。

● 什么是主管/员工需具备的思维模式和价值观？

● 如何建立和落实这些思维模式和价值观？

③ 员工具备所需的能力和思维模式后，企业还必须提供有效的管理支持和资源，才能容许这些人才充分施展所长，执行公司的战略。关于员工治理方式，企业要考虑以下几个具体问题。

● 如何设计支撑公司战略的组织架构？

● 如何平衡集权与分权以充分整合资源，把握商机？

● 公司的关键业务流程是否标准化和简洁化？

● 如何建立支持公司战略的信息系统和沟通交流渠道？

（4）人力资源能力分析

企业是一个系统，人力资源问题不单纯是人力的问题，它是企业系统的一个重要部分。我们通过对人力资源能力的决策力、领导力、执行力和操作力进行分析，了解企业实际存在的人力资源问题。

① 决策力分析。决策力分析的主要考察对象是企业董事会及经营团队，通过以下三个维度进行分析。

● 团队建设：了解决策团队的素质、能力、稳定性，以及对企业文化的认可度等。

● 决策机制：由决策流程和决策规则构成，考察决策机制的程序化、合理化。

● 历史决策情况：主要了解企业最近几年的决策情况。

② 领导力分析。领导力分析的主要考察对象是企业领导层，包括董事长、总经理，通过以下两个维度进行分析。

● 管理艺术：管理是科学，更是艺术，主要了解领导的经营管理能力、管理风格、管理技巧以及公司氛围。

● 人格魅力：企业家的人格魅力是领导力分析的重要部分，一般通过员工评价和外部评价来考察。通过对员工访谈或发放调查问卷的方式，了解员工对领导层的评价；通过与企业客户、投资者、行业主管部门沟通，了解外部人员对领导层的评价。

③ 执行力分析。执行力分析的主要考察对象是企业各个职能部门的经理和分支机构的负责人，通过以下六个维度进行分析。

● 目标：了解职能部门、分支机构的目标是否清晰明确，目标分解是否充分合理。

● 授权：了解职能部门、分支机构是否得到充分的授权，部门内的授权是否充分合理。

● 计划：了解为实现目标、完成任务，是否作出科学的计划安排。

● 组织：了解是否组建高效率的团队，整合企业内部资源，达到目标。

● 指导：了解主管在自己负责的业务范围内是否具备丰富的知识、经验，以指导下属工作的开展，必要时，能否得到公司的支持。

● 评价：了解对于任务和目标的完成情况，公司是否作出客观公正的评价，是否对评价结果作出适当的奖惩处理。

④ 操作力分析。操作力分析的主要考察对象是企业基层员工，通过以下三个维度进行分析。

● 工作技能：了解企业在操作力方面的现状、企业员工数量与人才结构。

● 工作态度：了解员工的工作氛围和工作热情以及企业文化。

● 管理制度：了解公司的各项管理制度，从制度层面分析公司的内控情况。

（5）无形资源能力分析

无形资源是指那些植根于企业历史，长期积累下来的不易辨识和量化的无形资产。例如，企业文化、创新能力、产品和服务获得的声誉、专利、商标等无形资源。无形资源能力，主要从企业文化、资质与奖项、知识产权三个层面来研究。

① 企业文化。我们关注企业精神层面的文化内涵，了解公司的使命、愿景与核心价值观。一个有理想、有文化底蕴的公司会形成一种凝聚力，

使员工奋发图强、积极向上，无形的文化会为公司创造更大的价值。企业

文化分析如图1-10所示。

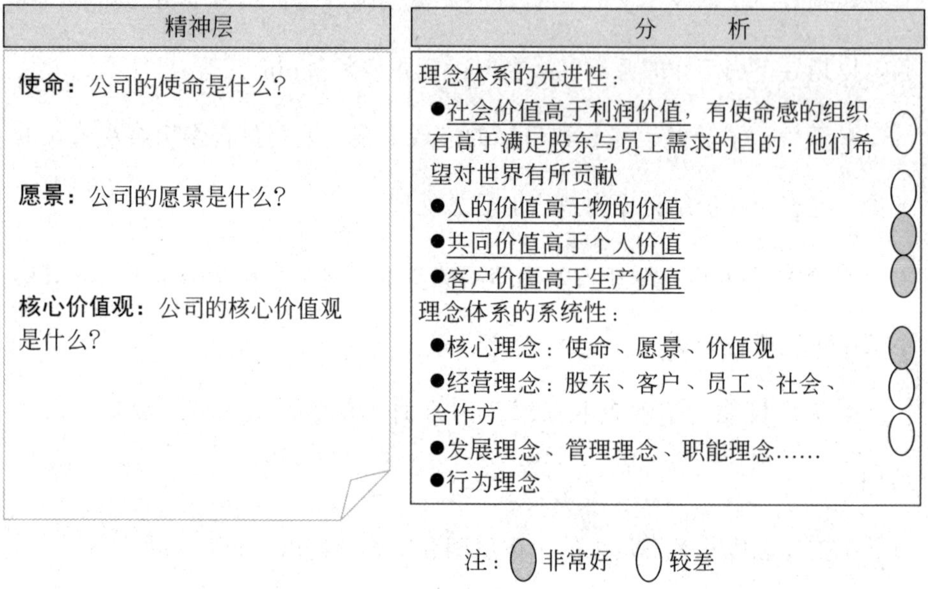

图1-10　企业文化分析

② 资质与奖项。我们关注公司获得的资质证书、产品和服务获得的荣

誉以及企业家获得的个人荣誉，判断公司在行业的地位、品牌影响力和声

誉。这是企业在同行同台竞争中获得竞争优势的软实力，如图1-11所示。

③ 知识产权。衡量企业的创新能力，专利是一个很好的指标。专利包

括发明专利、实用新型专利、外观设计专利三类。其中，发明专利的含金

量最高。一般我们会通过公司和主要的竞争对手的对比分析，了解公司的

产品和技术创新能力在行业中的地位，如表1-3所示。

公司资质

- 国家高新技术企业证书
- ISO9001质量管理体系认证
- ISO14001环境管理体系认证
- ISO45001职业健康与安全管理体系认证
- 中国节能产品认证
- 国家强制性产品认证3C
- CQC强制性产品认证证书
- 出口认证：

ROHS 证书、CE 证书、ETL 证书、POCC 证书、CTI 证书、EBO 证书、SGS 证书、FCC 证书、STD-CE 证书、CCIS FCC 证书、WSCT PSE 证书、TUV 证书

个人奖项

- 董事长个人荣誉如下：
深圳企业家联合会会副会长
中国节能协会第六届理事会理事

企业奖项

- 2020年中国知名品牌
- 2019年广东省知名品牌
- 2018年中国LED行业年度影响力企业
- 2017年深圳质量百强企业
- 2016年中国质量承保AAA企业
- 2015年中国半导体照明行业最具创新力企业
- 2014年中国LED技术创新奖
- 2010年中国LED最具成长性企业

图1-11 公司获得的资质和奖项示例

表1-3 公司与竞争对手的专利对比示例

单位：件

公司	已授权专利			正申请专利		
	发明	实用新型	外观设计	发明	实用新型	外观设计
A公司	24	138	13	32	11	6
B公司	19	82	41	51	13	5
C公司	2	64	10	4	24	7
D公司	1	29	15	—	—	—

综上所述，通过对内部环境的分析，我们可以认清公司的竞争优势和劣势，扬长避短，有效地利用公司的独特资源与核心能力，进行战略性投资布局，并在公司发展中发挥公司独特的竞争优势；同时，关注公司较弱的环节，逐步建立完善的内部管理体系。资源能力的综合评价如表1-4所示。

表1-4 资源能力的综合评价

资源		综合评价	能力		综合评价
财务资源		中	战略管理能力		中
人力资源		较弱	业务运营能力	- 市场营销	中
				- 研发管理	强
				- 采购管理	较弱
				- 生产管理	较弱
				- 质量管理	较弱
				- 售后服务	中
无形资源	- 企业文化	中	组织管理能力		较弱
	- 资质与奖项	强			
	- 知识产权	强			

注：综合评价分为强、中、较弱三个维度，建议企业重点关注综合评价为"较弱"的资源能力，根据企业实际情况，有所侧重，逐渐完善内部管理体系。

（三）确定募投项目

结合企业的未来战略目标，确定企业的发展战略和业务组合，让企业弄清楚募投项目应该做什么、能做什么。

在外部环境和内部资源分析的基础上，通过SWOT分析深刻认识企业所处的环境，并且基于这些认识使企业更好地匹配资源优势和市场机会，减少劣势，从而战胜外部威胁。SWOT分析如图1-12所示。

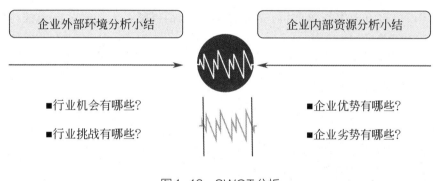

图1-12　SWOT分析

通过SWOT分析，总结企业面临的行业机遇和行业挑战，提炼企业的竞争优势和劣势，梳理企业的未来发展战略和业务组合，确定可选的募投项目方向。每个行业每个企业都是独特的存在，所处的市场环境和行业地位以及自身的资源和能力各不相同，募投项目设计要结合企业的实际情况量身定制。募投项目的设计应充分考虑中国证券监督管理委员会（以下简称证监会）关于募集资金运用的要求、市场前景、产品技术含量、对环境的影响、与公司现有实际管理能力和销售能力的匹配等要求。

以生产型企业（制造业）为例，展示可选的募投方向，如图1-13所示。企业是一个系统，企业的发展战略由研发体系、生产体系、营销体系和业务支持体系共同支撑。如果企业的研发体系薄弱，创新性不足，或现有关键技术攻关急需立项，我们建议募投方向为研发中心建设项目；如果企业面临产能饱和，现有生产线无法满足客户订单需要，或产品结构发生变化，需要重新调整生产线，我们建议募投方向为生产基地扩建或新建项目；如果企业面临厂房和生产设备陈旧，无法提升生产技术和工艺，我们建议募投方向为技改项目；如果企业终端销售网点无法满足业务快速增长的需要，为了抢占更大的市场份额，我们建议募投方向为营销网络扩建项目。

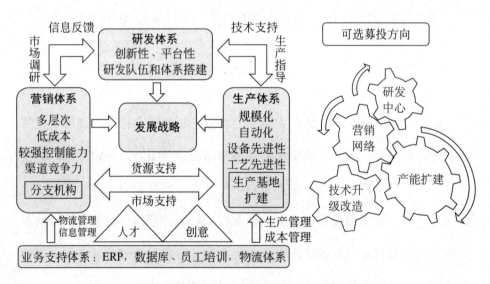

图1-13　募投方向选择

二、第二步——"多大规模"

企业 IPO 或再融资的融资规模多大，直接影响企业上市融资的根本利益，可以参考 A 股市场估值范围（如市盈率）、行业增长速度、可比上市公司情况等因素，并结合自身经营情况（如主营业务收入、净利润）来确定，如图 1-14 所示。

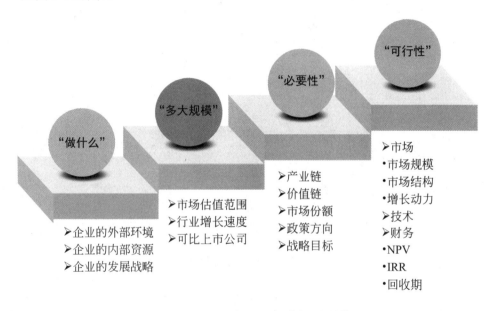

图1-14　可行性研究的方法论"多大规模"分析

（一）IPO募集资金规模

1.影响 IPO 募集资金额度的决定因素推导过程

第一步，求可发行股本，设为 Z，求解公式如下：

$$Y = \frac{Z}{Z + 10X}$$

则，可求得：

$$Z = \frac{10XY}{1-Y}$$

第二步，求可募集资金额度。

（1）求每股收益：

$$每股收益 = \frac{R}{10X + Z}$$

$$= \frac{R}{10X + \frac{10XY}{1-Y}}$$

$$= \frac{R(1-Y)}{10X}$$

（2）假设市盈率为W倍。

（3）求募集资金额度：

$$募集资金额度 = 每股收益 \times 市盈率 \times 发行股本$$

$$= \frac{R(1-Y)}{10X} \times W \times \frac{10XY}{1-Y}$$

化简得：募集资金额度 $= W \times R \times Y$

由以上推导过程得知，实际募集资金只与净利润R、市盈率W和公开发行股份比例Y有关，与折股比例X无关。

由于净利润是一定的，公开发行股份比例通常是25%（大多数企业总股本小于4亿元），因此实际募集资金取决于发行市盈率（市场给的估值）。

假设公司净资产规模为10亿元，净利润为R，折股比例为X，公开发行股份比例为Y，则IPO募集资金额度的推导过程为市盈率（W）×净利润（R）×发行比例（Y）。

2.影响新股发行定价的政策

中国历次新股改革都涉及新股定价，这对募投项目的融资规模设定影响很大。特别是2009年后，新股发行制度经过六轮改革，对新股发行规模产生了重大影响。历年新股发行制度如表1-5所示。

表1-5　历年新股发行制度

序号	时间	新股发行制度
1	1992年之前	内部认购和新股认购证
2	1993年	与银行储蓄存款挂钩和无限量发售后抽签
3	1996年	上网定价、全额预缴款、与储蓄存款挂钩
4	1999年	一般投资者上网发行和法人配售相结合
5	2001年	上网竞价
6	2002年	按市值配售新股
7	2006年	IPO询价制和网上定价
8	2009年以来	新股发行制度经历六轮改革 第一轮：2009.5.22 相关政策：《关于进一步改革和完善新股发行体制的指导意见》 第二轮：2010.8.23 相关政策：《关于深化新股发行体制改革的指导意见》

续表

序号	时间	新股发行制度
8	2009年以来	第三轮：2012.4.1 相关政策：《关于进一步深化新股发行体制改革的指导意见》《关于新股发行定价有关问题的通知》 第四轮：2013.11.30 相关政策：《关于进一步推进新股发行体制改革的意见》 第五轮：2014.1.12 相关政策：《关于加强新股发行监管的措施》 第六轮：2023.2.17 相关政策：《证券发行与承销管理办法》

2023年2月17日，中国证监会宣告推行全面注册制，标志着中国资本市场步入市场化时代。主板、科创板、创业板的发行定价规则基本拉齐，即全面实行以市场化询价方式定价为主体，以直接定价为补充的定价机制。这意味着实施了长达9年的"23倍发行市盈率红线"即将成为历史。

2023年3月23日，首批主板注册制新股通过询价方式确定了发行价格。市场化机制下，由于参与报价机构多且报价相差较大，不少机构因报价过高或报价过低而未能入围。2023年3月23日晚，中重科技、登康口腔先后发布公告，根据网下发行询价报价情况，综合评估公司的合理投资价值、可比公司二级市场估值水平、所属行业二级市场估值水平等方面，充分考虑网下投资者有效申购倍数、市场情况、募集资金需求及承销风险等因素，中重科技确定的发行价格为17.80元/股，登康口腔确定的发行价格为20.68元/股。相比于核准制，注册制最大的变化是把定价权交给市场。

对企业发行上市定价的干预大幅减少，优质企业能以更高的价格融资且融资规模更大，更能发挥资源配置功能。

从2012年开始，中国证监会对新股发行定价趋严，自此"卡红线"发行成为新常态，我们对相关政策进行简单的解读。

中国证监会2012年5月23日发布的《关于新股发行定价相关问题的通知》明确了行业市盈率比较口径，要求发行人在进行行业市盈率比较分析时，应选取中证指数有限公司发布的、按中国证监会行业分类指引进行分类的行业市盈率，具体应选择发行人所属行业最近一个月平均滚动市盈率进行比较。

中国证监会2013年11月30日发布的《关于进一步推进新股发行体制改革的意见》规定，如拟定的发行价格（或发行价格区间上限）的市盈率高于同行业上市公司二级市场平均市盈率的，在网上申购前发行人和主承销商应发布投资风险特别公告，明示该定价可能存在估值过高给投资者带来损失的风险，提醒投资者关注。

中国证监会2014年1月12日发布的《关于加强新股发行监管的措施》规定，如拟定的发行价格（或发行价格区间上限）对应的市盈率高于同行业上市公司二级市场平均市盈率，发行人和主承销商应在网上申购前三周内连续发布投资风险特别公告，每周至少发布一次。

中国证监会2023年2月17日发布的《证券发行与承销管理办法》规定，首次公开发行证券，可以通过询价的方式确定证券发行价格，也可以通过发行人与主承销商自主协商直接定价等其他合法可行的方式确定发行价格。这意味着全面注册制实施后，上市企业估值可以突破，不再压价发行，受市场认可的优质企业可实现超募，资质平庸的企业会被边缘化，甚至面临发行认购不足的情况。注册制后把定价权交还给市场，对发行人合理估值将有助于提升企业上市意愿。

（二）再融资募集资金规模

1.影响再融资募集资金额度的决定因素推导过程

第一步，求可发行股本，设为Z，求解公式如下：

$$Z = Q \times Y$$

第二步，求发行时股价，设为P_2，折价比例设为X，求解公式如下：

$$P_2 = P_1 \times X$$

第三步，求再融资募集资金额度：

$$再融资募集资金额度 = Z \times P_2 = Q \times Y \times P_1 \times X$$

化简得：再融资募集资金额度 $= Z \times P_2$

由以上推导过程得知，实际募集资金与总股本Q、发行股份比例Y和发行前股价P_1以及折股比例X有关。

由于折股比例一般为80%，因此实际募集资金取决于股本和股价。

假设公司发行前总股本为Q，增发比例为Y，发行前股价为P_1，发行时股价为P_2，则再融资募集资金额度的推导过程为发行前总股本（Q）×发行比例（Y）×发行时股价（P_2）。

举个例子，某上市公司A在发行前总股本是5.43亿股，按照再融资新规，最多增发比例不超过30%，即1.62亿股，按照目前股价10元打8折后，本次非公开发行融资额最多为12.96亿元。

2.影响再融资发行定价的政策

中国证监会2020年2月14日发布《上市公司再融资制度部分条款调整涉及的相关规则》，是对《上市公司证券发行管理办法》《创业板上市公司证券发行管理暂行办法》《上市公司非公开发行股份实施细则》的再融资规则进行部分调整。调整的内容主要包括：

● 精简发行条件，取消创业板公开发行证券最近一期末资产负债率高于45%的条件；取消创业板非公开发行股份连续2年盈利条件。

● 调整非公开发行股份定价和锁定机制，将发行价格由不得低于定价基准日前20个交易日公司股份均价的9折改为8折；将锁定期由36个月和12个月分别缩短为18个月和6个月；非公开发行对象数量由分别不超过10名和5名，统一调整为不超过35名。

● 将再融资批文有效期从6个月延长至12个月。

三、第三步——"必要性"

上市公司再融资和准上市公司IPO都是为了实现公司的生产规模扩大、市场和业务开拓、竞争能力提高、经营效率提高等目的而募集资金。募投项目是公司未来发展规划落地的实施项目，与公司战略规划和未来发展息息相关。在以前的招股说明书中，募集资金运用是单独一个章节列示，现在的募集资金运用与未来发展规划已经合并为一个章节，足以体现募投项目与未来发展规划的紧密性。

我们借助可行性研究四大内容模块对应的方法与工具——必要性的研究方法，从产业链、价值链、市场份额、政策方向、战略目标等方面来论述为什么要做募投项目，如图1-15、图1-16所示。

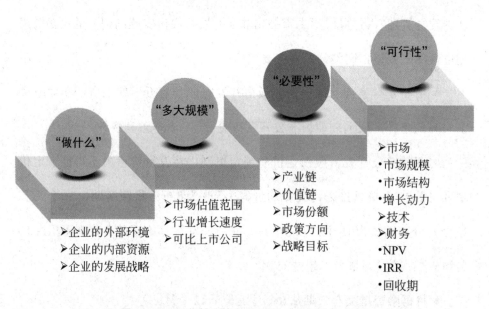

图1-15　可行性研究的方法论"必要性"分析

募投项目的必要性又可分为新建和扩建类基建项目的必要性、技术改造类项目的必要性、研发中心类项目的必要性、营销网络类项目的必要性、信息化类项目的必要性、补充流动资金或偿还银行贷款类项目的必要性这六类。

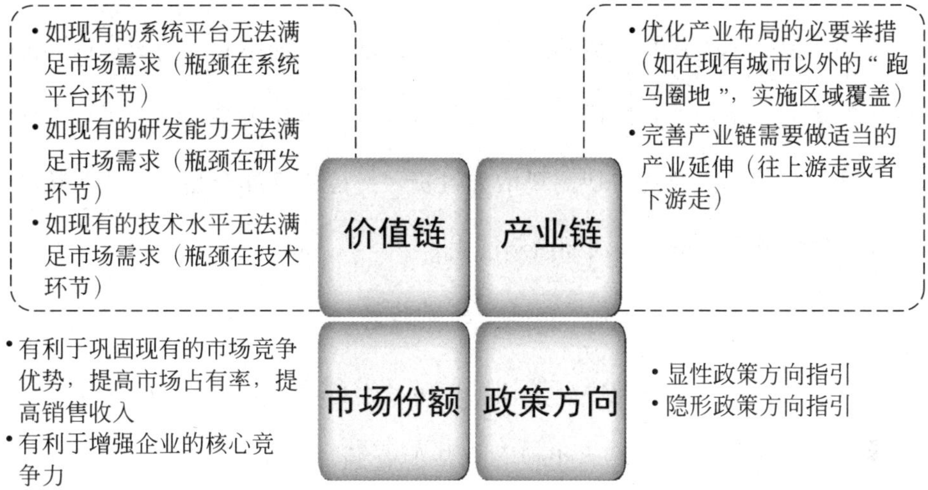

- 如现有的系统平台无法满足市场需求（瓶颈在系统平台环节）
- 如现有的研发能力无法满足市场需求（瓶颈在研发环节）
- 如现有的技术水平无法满足市场需求（瓶颈在技术环节）

- 优化产业布局的必要举措（如在现有城市以外的"跑马圈地"，实施区域覆盖）
- 完善产业链需要做适当的产业延伸（往上游走或者下游走）

价值链　**产业链**

- 有利于巩固现有的市场竞争优势，提高市场占有率，提高销售收入
- 有利于增强企业的核心竞争力

市场份额　**政策方向**

- 显性政策方向指引
- 隐形政策方向指引

图1-16　四个维度论证募投项目的必要性

（一）新建和扩建类基建项目的必要性

1.扩大现有产品的生产能力，促进业务增长

生产型企业在快速发展期都会面临厂房限制、产能制约的问题。公司生产规模持续增长，现有生产线的产能利用基本饱和，生产能力不能满足公司高速发展的需要。产能瓶颈的限制严重影响了公司与客户的合作关系，制约了公司的发展壮大。因此，公司迫切需要增加投资，建设更具规模的生产基地，匹配业务的快速增长。

2.优化产品结构，增强盈利能力

有些公司厂房足够，无须再建厂房，但市场环境发生了变化，公司的产品结构需要调整才能迎合市场变化趋势。公司的产品发展方向从低端逐渐向中高端倾斜，中高端产品的总产量逐年提高，其占总产量的比例也逐年提高，但仍不能满足市场的需求。由于产能瓶颈的限制，公司目前只能选择性接受订单，严重阻碍了公司与下游客户的合作关系，制约了公司的发展壮大。因此，公司迫切需要增加投资，扩建中高端产品生产线，优化产品结构，进一步增强公司的盈利能力。

3.整合上下游产业链，弥补产业短板

有些公司在自身行业中处于领导地位，但依赖上游或下游，为了摆脱上下游，避免受制于人，当企业有合适的资源，在人才储备上准备充足，就可以拓展上下游产业链，整合上下游资源为己所用。因此，募投项目实施满足公司向上下游延伸的战略发展需要，弥补产业链短板。整合产业链，打造公司一体化业务，对提高行业地位和增强公司核心竞争力有重要意义。

（二）技术改造类项目的必要性

1.技术升级改造，提升公司的技术水平

以智能家居行业为例，随着5G通信、物联网技术、AI技术、集成电路和芯片技术的快速发展，这些基础技术的更新迭代，能够使智能家居产品性能更强、应用场景更广泛。同时，倒逼智能家居生产企业紧跟技术发展潮流，同步完成智能家居产品的迭代更新，这样才能不落后于竞争对手。因此，行业基础技术迭代更新的倒逼压力和竞争对手主动升级产品带来的竞争压力，促使公司在技术研发、产品开发上加大投入，进一步增强技术实力，才能保持技术上的竞争优势。

2. 技术升级改造，提高公司的生产效率

有些工厂由于建厂时间长、生产线老旧、设备落后，只能以手工操作为主，产品质量受工人个人的经验和技术等主观因素影响较大。技术升级改造后，新的生产线在生产流程、质量控制方面更加自动化和标准化。在生产环节引入自动化控制和智能检测技术，推广采用全自动机器人等先进技术装备和加工方法、在线智能检测、自动化生产，降低了产品生产对工人经验和技术的依赖。自动化和标准化的生产流程将大大提高产品的生产效率及产品质量的稳定性，进而提升产品的整体质量。

3. 技术升级改造，节约公司的生产成本

某公司经过智能自动化改造后，工人从原来的100人减少到现在的20人，生产效率提高了50%。生产线经过升级改造，一年可节省400多万元的人工费用，每块板材成本降低1元。智能化生产减少了人为误差，节约了人工成本和生产成本，提高了产品的质量。

（三）研发中心类项目的必要性

1. 确定未来的盈利方向，紧跟行业的发展步伐

以发电机组行业某公司为例，在宏观层面，随着经济的高速发展，我国电力需求增长迅速，但是综合考虑环境约束、能源政策取向及能源需求约束，未来发电机组制造行业发展要聚焦绿色发展，分布式燃气发电将是电力供应市场的主要增量主体。在微观层面，公司确定以分布式燃气发电机组为研发方向，紧跟行业的发展步伐，符合发电机组制造行业发展的技术前瞻性要求，为公司的未来发展指明前进的方向，分布式燃气发电是公司未来盈利方向和技术战略重点。

2.提升公司技术实力，增强核心竞争力

有些公司的研发基础环境和研发平台建设相对薄弱，需要通过引进高端技术人才，配置先进的实验室、高精度的研发设备，改善公司的研发环境和扩大研发团队。以聚苯乙烯行业某公司为例，该公司通过加大研发力度，建立与公司发展规划相匹配的研发课题，重点研究聚苯乙烯在光学材料方面的应用，包括聚苯乙烯新材料、新产品开发及基础理论研究等。募投项目的实施，将全面提升公司的自主创新能力与整体技术实力水平，增强公司的核心竞争力，为保持公司持续快速发展提供强劲的技术支持。

3.促进公司产业升级，推动行业可持续发展

我国很多关键技术都在加快国产化的步伐。以国内航空工业为例，国内航空工业长期受制于国外关键技术和设备，必须建立更完善自主的技术研发与创新体系，建立科学的技术知识资源库，跟踪研究业界技术发展动态和发展趋势，开展国产化航空新材料关键技术研究。以某公司为例，对于航空新材料领域存在进入门槛高且适航认证周期长的情况，自主研发体系的建设需投入大量的人力、物力和资金。但它是航空产业必不可少的组成部分，是公司产品国产化战略的未来方向。公司研发的相关产品不仅有效地填补该航材领域国产化的市场空白，还在航材阻燃级别、耐候性、耐水解性、耐腐蚀性等物化特性上进行了有效提升，实现了技术突破和研发创

新，同时推动行业可持续发展。

（四）营销网络类项目的必要性

1.营销网络拓展有利于增强品牌的影响力

由于零售行业的行业特点，零售网点为其主要的销售终端。例如，珠宝首饰专柜和专卖店作为销售终端，是目前中国珠宝首饰行业的主要营销渠道，承担了品牌建设的大任。随着珠宝首饰行业的蓬勃发展，零售网点基本遍布县级以上城市。中国珠宝首饰行业零售市场已经进入以终端为导向的品牌竞争时期，众珠宝首饰企业只有不断壮大自己的销售规模、增强综合竞争实力，才能获得生存和发展机会。"品牌＋渠道"已成为各珠宝首饰企业制胜的关键。营销网络拓展的募投项目有利于拓展公司的营销网络，增强品牌影响力。

2.营销网络建设和完善有利于增强公司盈利能力

营销网络拓展项目的目标是增强公司的盈利能力，提高业绩。通过建立全国营销网络体系，实现一二线城市覆盖，三四线城市辐射的目标，增强公司的综合实力和本地化服务能力，扩大公司的品牌效应，突出公司的竞争优势，有助于业务量的增加和销售额的稳步增长，有利于公司整体盈利能力的提升。

3.营销网络拓展有利于提升区域市场份额

以连锁药店为例，中国医药流通行业竞争激烈，全国药店布局分散，市场集中度有待提高，并且具有明显的区域性特点。国内药品零售行业的几个龙头企业均有明显的区域性特征，如大参林以两广（广东、广西）、西南地区为主要市场，老百姓以湖南、华中地区为核心市场，益丰药房以两湖（湖南、湖北）、江苏地区为主要市场，一心堂以云南、广西地区为主要市场。近年来，药品零售龙头企业借助资本力量，纷纷加紧在全国的营销网络扩张，力图突破区域性限制，抢占市场制高点。营销网络拓展是提升区域市场份额的重要举措。

（五）信息化类项目的必要性

1.加强信息化管理，提高管理水平

目前，数字化转型已经成为各行各业都需要面对的课题。加强信息化管理，提高企业的管理水平是主要目的。完善的IT系统应包括网络基础平台、协同办公平台、决策支持平台等多个信息化管理系统。运用现代管理方法和手段，推进信息技术与企业管理的深度融合，建立工程项目管理、人力资源管理、财务资金管理、供应链管理及决策支持系统等多个管理系统，围绕计划、资金、技术、物资、人员等关键控制因素进行动态管理，促进日常经营、项目管理、供应链管理、客户关系管理和企业资源计划管理的智能化，加快企业管理信息化和网络化。通过信息化建设，使公司管理水平实现全方位提升。

2.推动信息化升级，提升员工的工作效率

通过信息系统升级改造，企业资源管理能力将大幅提升，企业内部沟通和协调流程将实现优化，关键业务信息能准确、及时、高效地获取和传

递，实现工作效率的大幅度提高。同时，推动信息化升级将提高企业的数据分析能力，为管理层决策提供更丰富的数据支持，实现公司管理水平全方位提升优化，增强企业的核心竞争力，不断适应行业信息化发展的需要。

3.推动信息化建设，加强集团管控

某集团公司下属分支机构众多，目前在北京、上海、广州、天津、厦门、海口、济南、西安、沈阳、哈尔滨、杭州、成都、昆明、乌鲁木齐等主要城市设有近20个分支机构和销售办事处，集团管控能力较弱。通过信息化建设推动公司营销终端的信息化升级，着力打造先进的信息化管理平台，从而优化企业的业务流程，提升运营管理的效率，以适应企业不断增长的销售规模所带来的管理提升需求，并加强总部对各分支机构的管控能力和动态调节能力。

（六）补充流动资金或偿还银行贷款类项目的必要性

1.增强资金实力，缓解公司营运资金占用压力

在多年的项目实践中，一些行业资金占用非常大。例如，建筑装饰类企业、市政工程类企业，流动资金关乎企业的生死存亡。该行业的客户主要为各级地方政府机关或国有基础设施建设投资主体，实际收到工程款的时间滞后于合同约定的工程进度款结算时间，客户付款进度与公司支付采购款、垫付项目资金的进度并不一致。公司在工程建设过程中一般需要大量的周转资金，资金需求涵盖前期项目招标、工程设计、工程原材料采购、工程施工、项目维保等业务环节，营运资金占用金额往往较大。在公司业务持续快速发展的过程中，资金不足已成为制约业务规模进一步扩大的主要瓶颈，增加流动资金可以增强公司的资金实力，缓解公司业务规模扩张导致的营运资金占用压力。

2.公司持续发展需要足够的资金支持

以建筑工程企业为例，从建筑工程行业发展现状来看，资金实力是制约企业进行大中型工程项目施工、开拓全国市场、实现可持续发展的瓶颈。建筑工程企业的经营主要依赖经营资质、施工技术、施工经验、工程项目营运资金、施工团队及其管理能力等。其中，充足的工程项目营运资金是建筑工程企业的发展基础。因此，获得足够的资金，可以提升公司项目承揽能力和项目运作能力，适应业务持续发展的需要，为公司做大做强提供良好的条件，是公司实现跨越式发展的重要基础。

3.减少对银行债务的依赖，降低资产负债率

有些企业过度依赖银行债权融资，资产负债率异常高，有些已经超过警戒线。通过资本市场股权融资方式募集资金偿还银行借款，能够有效降低资产负债率，减少对银行贷款的依赖，进一步改善公司的资产负债结构，增强资产结构的稳定性；同时，拓宽公司的融资渠道，提高公司的抗风险能力和持续盈利能力，促进公司业务更加稳健地发展。

如何做募投项目

募投项目
实战手册

一个被资本市场认可的投资项目，至少具备三个方面的可行性：有足够大的市场想象空间，增长动力十足，未来发展潜力巨大；技术一流，科技创新能力强劲，研发投入占营业收入的比例较大，研发成果丰硕；经济效益良好，投资收益率高，投资回收期短，风险可控。可行性研究的方法论"可行性"分析如图2-1所示。

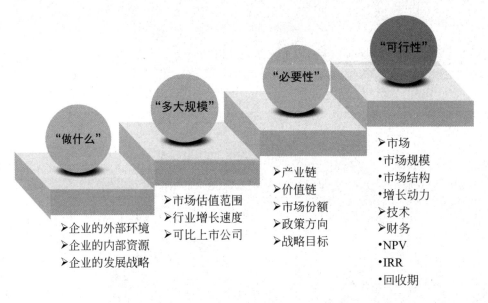

图2-1　可行性研究的方法论"可行性"分析

第一节
募投项目可行性的三个维度

可行性研究是投资项目决策阶段的基础性工作，是投资决策的重要依据。20世纪80年代初，学习借鉴世界银行和联合国工业发展组织推进项目建设的有益经验，我国探索引入可行性研究制度。1983年，国家计划委员会发布《关于建设项目进行可行性研究的试行管理办法》，明确可行性研究是建设前期工作的重要内容，是基本建设程序的组成部分，标志着可行性研究制度在我国的正式确立。

2002年，国家计划委员会印发《投资项目可行性研究指南（试用版）》（以下简称《指南》），作为国家层面上用以指导全国投资项目可行性研究工作的规范性文本。20多年来，《指南》在指导项目可行性研究工作、引领我国投资项目科学决策等方面发挥了重要作用。

2023年3月，国家发展改革委在系统总结2002年《指南》使用经验的基础上，立足新发展阶段，凝聚各方共识，制定印发了投资项目可行性研究报告编写大纲及说明（发改投资规〔2023〕304号，以下简称可研大纲），具体包括《政府投资项目可行性研究报告编写通用大纲（2023年版）》《企业投资项目可行性研究报告编写参考大纲（2023年版）》和《关于投资项目可行性研究报告编写大纲的说明（2023年版）》。此次颁布的可研大纲创新亮点在于：立足新发展阶段，贯彻新发展理念，在2002年《指南》的基础上，坚持以着力推动投资高质量发展为主线，按照政府投资项目和企业投资项目分类管理的总体思路，围绕项目建设必要性、方案可行性及风险可控性三大目标，更加注重发挥重大战略、重大规划和产业政策的引领作用，更加注重从项目全生命周期出发统筹拟定项目投融资和建设实施方案，更加注重经济、社会、环境等新评价理念的应用，更加注重可行性研究重点内容的前后逻辑和统筹协调，将扩大内需、碳达峰碳中和、自主创新以及投资建设数字化等新要求有机融入可行性研究制度规范。

我们重点参考国家发展改革委颁布的可研大纲内容，结合各行业的特点，总结出募投项目可行性研究框架，一般包括如下十四章内容。

第一章为总论，主要概括本项目的基本内容，如项目名称及建设地点、建设单位介绍、编制依据、项目内容和主要技术经济指标等内容。

第二章是报告的重点内容，阐述项目相关的背景因素和必要性、可行性分析。

第三章分析与项目相匹配的各项管理能力，以生产型企业为例，主要包括项目管理能力分析、技术研发管理能力分析、生产管理能力分析和营销管理能力分析。

第四章重点阐述项目未来市场前景，分析行业发展现状和发展趋势、上下游情况以及行业竞争格局及竞争对手情况。

第五章重点阐述项目采取的技术工艺方案，分析项目的产品性能、所采取的工艺技术以及工艺的先进性和成熟度分析。

第六章阐述项目建设方案，包括建设选址依据及周边环境、建设内容、规划设计图等内容。

第七章分析环境保护措施和相关审批情况、消防设施、节能减排及职业安全卫生。

第八章阐述组织机构、劳动定员和人员培训制度以及绩效管理方案。

第九章是报告的重点内容，阐述项目投资方案，列明募集资金投资总额及明细，包括固定资产投资明细、流动资金投资明细、无形资产投资明细以及项目资金投入的进度安排。

第十章阐述募投项目的工期和实施进度安排，以及实施的阶段性目标。

第十一章阐述项目未来3～5年发展规划和战略目标。

第十二章也是报告的重点内容，分析募投项目的经济效益，包括项目的营业收入结构和总成本明细、利润表和现金流量表预测、盈亏平衡分析、投资收益率分析和投资回收期分析以及敏感性分析。

第十三章阐述项目的风险及控制措施，一般包括市场风险、管理风险、生产风险、技术风险和财务风险等内容。

第十四章是报告的最后一章，得出可行性研究的结论与建议。

第二节
市场可行性分析

募投项目可行性研究的第一个分析维度就是市场可行性分析。在"我有能力销售"的三个因素（市场空间足够大、有相匹配的仓储物流配送能力、有好的销售措施拓展市场）中，"市场空间足够大"是关键。一个成功的产品必须有市场，如果没有市场或者没有足够大的市场，再优秀的产品也卖不出去，无法变现。因此，募投项目需要有足够大的市场想象空间，增长动力十足，未来发展潜力巨大。

为了得到以上结论，我们需要对募投项目所处的行业和市场进行详细的分析和研究，如图2-2所示。

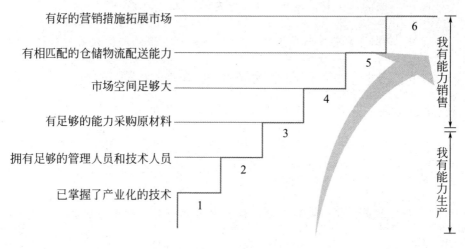

图2-2　市场可行性分析关键点

行业研究是所有咨询项目都必须完成的重要环节。如果一名咨询顾问不了解这个行业，谈何为客户提供专业的咨询服务和提出有效建议？因此，行业研究是开展所有咨询项目的首要任务，也是一名顾问的基本功。

行业研究是通过深入研究某一行业发展动态、市场规模结构、竞争格局以及上下游产业链等内容，为企业自身发展或行业投资者等相关客户提供重要的参考依据。行业研究重点研究行业过去发展历程、行业现在发展状况和行业未来发展趋势，发现与挖掘行业发展阶段、主要影响因素及行业内的行业关键成功因素等，为企业发展方向提供指导及为投资者决策提供依据。

一、行业研究的基本功

行业研究是一名顾问的基本功，顾问必须拥有良好的资料搜集能力、资料整理与分析能力、逻辑思维和独立思考能力及沟通协调能力。

资料搜集能力：一个好的项目顾问一定具有很强的资料搜集能力（包括一手资料和二手资料），资料搜集能力是行业研究的基本功，是行业研究的第一步。

资料整理与分析能力：资料搜集是第一步，在资料搜集好后重要的是对资料进行整理和分析，按照所形成的行业分析框架思路进行资料的整理与分析，最终通过分析，形成对该行业的认识与观点。

逻辑思维和独立思考能力：逻辑性是行业研究的灵魂，行业研究的重要宗旨就是通过过去与现在的表现来预测未来发展走势。预测未来发展走势准确与否重要的就是看所分析的逻辑是否正确与合理，因此建立行业研究的逻辑思维必不可少。同时，独立思考也是行业研究的重要灵魂，"人云亦云"的做法始终无法达到行业研究的目标，只有通过项目顾问自我观察、分析、独立思考出来的才靠谱，正确的结论与见解往往掌握在少数人手里，我们需要始终牢记培养自己独立思考的习惯。

沟通协调能力：行业研究在某种程度上就是解决信息不对称的问题。信息不对称主要通过二手信息和一手信息解决。二手信息经过别人的加工，可能存在信息失真的情况，往往一手信息更靠谱。其中，一手信息需要通过实地调研，当事人与相关机构的访谈是重要途径。这就需要我们和相关当事人交流沟通，学会向当事人提问题，在沟通过程中发现问题是非常重要的技能。

二、信息获取的方法和渠道

总的来说，信息分为两类：一手信息与二手信息，如图2-3所示。

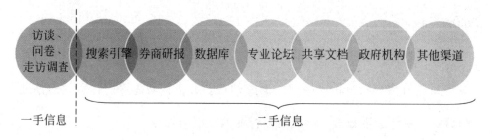

图2-3 信息分类

（一）一手信息

一手信息来源于访谈、问卷、走访调查。一般来说，一手信息最为真实靠谱，但缺点是成本高且耗费大量时间。我们日常开展项目主要对客户的管理层及老板进行详尽的面对面访谈以获得企业最真实的信息及数据，但这往往需要花费一两周的时间，如果遇到个别访谈对象因为出差等原因无法安排，或许要等更长时间。问卷一般针对的是客户或者消费者等个体，目的是探究客户群体中的一些共性，如客户画像、消费行为、购买偏好等。但问卷需要投入很多人力，问卷的撰写与后期的分析都需要耗费很多时间。实地走访是咨询领域常用的手段，如去每一家门店看陈列、数人数，对竞争对手考察摸底，了解客户上下游的真实情况。

（二）二手信息

二手信息主要来源于搜索引擎、券商研报、数据库、专业论坛、共享文档、政府机构、证券交易所、行业协会等。

1.搜索引擎

搜索引擎已经成为互联网时代打工人查找信息和数据的基本渠道，检索技术发展至今已经非常成熟，可以提高人们搜集信息的速度。搜索引擎分为综合搜索引擎和专业搜索引擎，一名合格的咨询顾问要善用site等搜索技巧。

（1）定位于哪个网站上搜索：使用site，如在百度或谷歌中键入"房地产site:××咨询公司网址"，在××咨询公司搜索有关"房地产"的信息；site通常和filetype连用。

（2）文件类型搜索：使用filetype，如在百度或谷歌中键入"filetype:pdf房地产互联网"，搜索出有关"房地产＋互联网"pdf内容，而且这些文档基本上是可直接下载（还可以变换为其他，如"filetype:doc""filetype:ppt""filetype:xls"等）。

（3）精确匹配搜索：使用""，如在百度中键入"房地产＋互联网"，表示搜索"房地产＋互联网"两个必须连在一起，如果不加""，搜到的是房地产和互联网两个词并列显示的结果，没有那么精确匹配。

2. 券商研报

股权和债权两种融资方式形成了不同的信息渠道，如图2-4所示。在股权方面，券商研报针对主板、创业板、科创板、新三板、新四板的股票进行行业研究、个股研究；在债权方面，券商研报针对短期融资券、中期票据、集合债、企业债和公司债进行行业研究、个债研究。

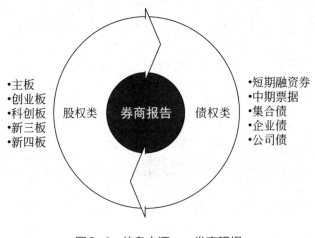

图2-4　信息来源——券商研报

资本市场注册制时代来临，而注册制的核心是"公开"。资本市场的公开资料很多，我们要善于利用。股权类的券商研报通常可以通过迈博汇金、理想在线、巨潮资讯网、股票报告网免费查询；债权类的券商研报通常可以通过中国债券信息网、中国货币网免费查询。

3. 数据库

数据库主要分为两大类（见图2-5）：一是商业数据库；二是学术数据库。商业数据库主要有万德（Wind）、国泰安数据库（CSMAR）、锐思数据库、北大法宝等；学术数据库主要有中国知网（国内最大的学术数据库）、万方数据、人大复印报刊资料、维普等。

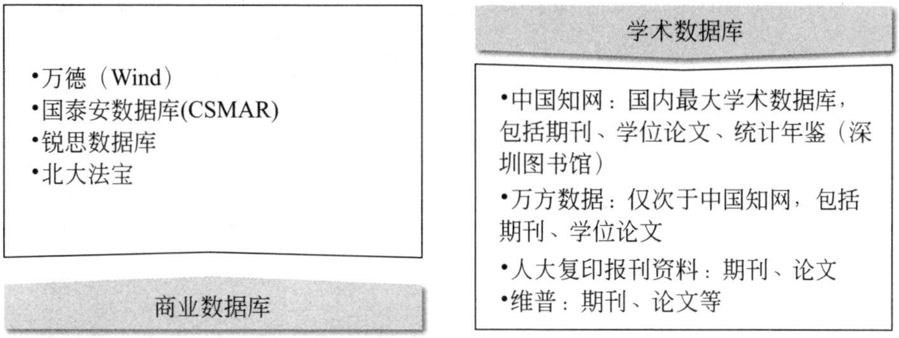

学术数据库

- 中国知网：国内最大学术数据库，包括期刊、学位论文、统计年鉴（深圳图书馆）
- 万方数据：仅次于中国知网，包括期刊、学位论文
- 人大复印报刊资料：期刊、论文
- 维普：期刊、论文等

- 万德（Wind）
- 国泰安数据库(CSMAR)
- 锐思数据库
- 北大法宝

商业数据库

图2-5　信息来源——数据库

4.专业论坛

我们永远需要相信一句话："高手在民间。"经管之家（原人大经济论坛）是专业论坛的优秀代表，该论坛有将近200个专业版块、建设了12个区细分论坛，主要在经贸领域，涉及案例库、期刊信息系统、行业统计年鉴、行业分析报告等内容。同时，中国首席经济学家论坛、投行先锋论坛、春晖投行在线也有很多资本市场的专业资料分享。我们要善于利用这些民间智库。

5.共享文档

共享文档是共享经济的产物，往往有意外惊喜，我们需要善加利用。国内的共享文档渠道主要有百度文库、豆丁文库、爱问共享、智库文档、道客巴巴等。另外，我们尤其要关注国外的共享文档网站，常有意外收获，如 Scribd、Docstoc、Yudu、Slideshare 等。

6. 政府机构

相比于数据本身，更重要的是"趋势"，而政府机构是国家相关政策的制定者和规划者，掌握着第一手的行业数据。例如：国家统计局掌握国民经济各行业的统计数据；中国人民银行作为中央银行，是货币和金融政策的制定者和执行者；中国海关掌握了国内各产品的进出口贸易数据；中国证监会是金融政策的制定者和监管者；国家知识产权局可以查询到客户的专利产品数据和同行的专利产品信息。有些客户涉及海外业务，我们还需要参考国外的政府机构数据，如美国经济分析局、美国司法统计局等。

7. 证券交易所

中国内地有三大证券交易所，目前 A 股有 5 000 多家上市公司分布在上海证券交易所（以下简称上交所）、深圳证券交易所（以下简称深交所）及中小企业股份转让系统（新三板）上市交易。我们在查找客户竞争对手的信息时，通常在以上交易所中寻找客户的同行上市公司信息，包括 IPO 招股书、历年的财务报告及公司的相关公开披露信息。如果客户的同行在中国香港或者海外上市，我们还会去香港交易所（以下简称港交所）、纳斯达克交易所等其他交易所查询相关信息，港交所和纳斯达克是中国内地企业境外上市重点场所。

8. 行业协会

除了搜索引擎、券商研报、数据库、专业论坛、共享文档、政府机构、证券交易所，还有其他渠道，如行业协会及其出版的行业年鉴等。

行业协会是收集行业数据的最好选择。大部分此类机构都是业内企业联合发起的专业性组织，一般都会定期披露行业数据。《全国性行业协会名录》收录了598家在民政部登记的全国性行业协会，我们使用较多的行业协会有中国连锁经营协会、中国复合材料工业协会、中国建筑装饰协会、中国石油和石化工程研究会、中国汽车工业协会、中国机械工业联合会、中国仪器仪表行业协会、中国化学纤维工业协会、中国医药商业协会、中国软件行业协会、中国电子视像行业协会、中国农业机械工业协会、中国印刷及设备器材工业协会、中国重型机械工业协会、中国珠宝玉石首饰行业协会、中国机械通用零部件工业协会等。高质量的行业协会通常有很多有用的行业资讯和数据，行业专业书籍和行业年鉴通常也出自行业协会之手，是我们研究细分行业不可忽视的渠道。

三、行业研究的框架模块

通过对不同细分行业的研究积累的经验，我们不难发现，行业研究基本离不开图2-6所示的四个模块：行业现状与未来发展趋势、行业特征、行业竞争格局与竞争对手、下游市场和客户及消费者行为分析。几乎所有细分行业的行业研究报告都由以上四个模块组合而成，只是不同模块在不同行业报告中详略程度有所不同。

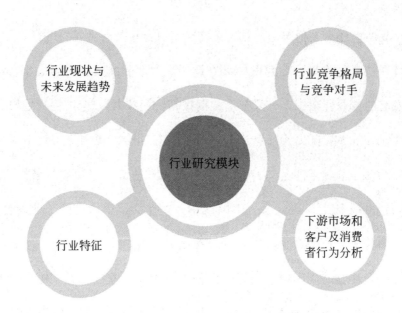

图2-6　行业研究框架模块

（一）行业现状与未来发展趋势

行业现状与未来发展趋势的研究一般包括产业链构成与特点、价值流通方向、行业市场规模、历史发展情况和未来趋势等内容。

1.产业链

在行业概况与发展趋势中，一般首先会研究整个行业的产业链构成，即整个产业从上游到下游的所有环节，以及在整个过程中的价值流向。对产业链的研究有助于迅速了解整个行业，以便抓住产业链中的关键点。

以聚苯乙烯产业链为例，该行业的上游是苯乙烯、矿物油、乙苯、硬脂酸锌、聚丁二烯橡胶等石油化工类产品，如图2-7所示。

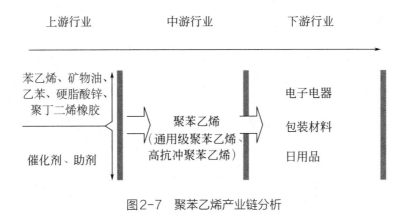

图2-7　聚苯乙烯产业链分析

首先，上游原材料依托上游大型石油化工企业以保证长期稳定的原材料供应，但目前上游原材料面临产能过剩现状，不会造成该行业原材料供应短缺问题。

其次，主要原材料苯乙烯是大宗商品，其价格受国际石油价格波动的影响，未来也长期受国际经济政治因素的影响，石油价格波动将会影响苯乙烯价格的波动，从而影响聚苯乙烯价格的波动。

最后，上游原材料的质量和性能也会直接影响该行业最终产品的质量和性能。

因此，上游行业的产能、价格波动和质量及性能都会对该行业的生产经营产生直接影响。电子电器、包装材料和日用品等是聚苯乙烯的下游行业。在下游应用领域中，以下行业的市场规模每年稳定增长：电子电器行业的电视机、空调、个人电脑、办公器材、LED照明等下游应用领域；包装容器的包装材料应用领域；日常生活所需的日用品应用领域等。下游应用领域的自然增长，直接带动上游聚苯乙烯行业市场需求的增长。

2.外部环境

外部环境一般包括宏观经济环境、政策环境、社会环境与技术发展现状。外部环境研究的意义在于探索行业目前所在的大环境对行业本身造成的影响。一些外部环境因素很有可能成为驱动或阻碍行业的重要因素。

3.行业市场规模与发展趋势

在研究完产业链和外部环境后，研究的重点就会集中到行业的市场规模与发展趋势这两个方面。这两个方面密不可分，且是行业市场研究的重中之重。该部分一般分为三大块：发展历史、行业市场规模、未来发展驱动因素。

发展历史的研究一般着眼于行业目前的发展阶段，即是萌芽期、兴起期、发展期、成熟期，还是衰退期。相同行业在不同国家的发展往往不尽相同，先发国家对于后发国家有显著的借鉴意义。

行业市场规模的估算一般从供给与需求端出发，进行交叉验证，这就是首先要做产业链分析的意义，从产业链上游到下游的研究可以估算出中游产业的市场规模。行业未来的增长趋势则通过对驱动因素的定量分析得出。

未来发展驱动因素的研究则是对行业未来发展的预测。例如，未来几年内驱动这个行业发展的因素有哪些，这些因素对行业的影响有多大，究竟是高速增长还是缓慢增长。

以医药CRO（contract research organization，合同研究组织）行业

2018年的研究为例，据权威机构Frost & Sullivan发布的数据，2018年中国国内CRO市场规模接近58亿美元，其中药物发现市场规模11亿美元、临床前CRO市场15亿美元、临床CRO市场32亿美元。受益于全球医药外包订单向亚太区转移，以及国内工程师红利带来的成本优势，近年来国内CRO行业保持了较高的增长态势，2014—2018年CAGR（复合增长率）达到29.2%。预计到2023年市场规模能达到214亿美元，2018—2023年CAGR预计能够达到29.6%，如图2-8所示。

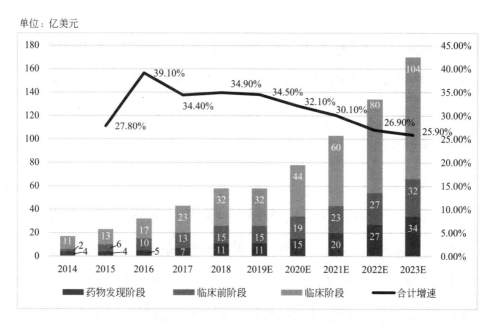

单位：亿美元

图2-8　中国CRO市场规模及增速

（二）行业特征

在对行业的基本情况进行摸底后，我们要深入研究行业的特征。行业特征的研究一般包括行业壁垒、主要风险和关键成功因素。

1.行业壁垒

行业进入壁垒，即新进入者进入行业的难度。换言之，它是行业内既有企业在多年经营中建立的优势。进入壁垒一般有：客户忠诚度、政策与政府关系、资本金投入、规模经济、技术积累、品牌效应、渠道、运营经验、产品差异化等。

2.主要风险

主要风险是第二个考量因素，因为风险与挑战限制了行业的发展，甚至有可能危及乃至颠覆整个行业。企业面临的风险一般有：政策和法律风险（如贸易保护、行业限制、反倾销等）、市场风险（如需求减少、竞争者增加等）、经营风险（如员工过剩、成本提高等）、财务风险（如坏账、现金流断裂等）。

3.关键成功因素

结合进入壁垒与主要风险的研究，可以分析出行业的关键成功因素（KSF），即在这个行业中，哪些因素可以帮助企业取得成功。一般行业关键成功因素有：品牌效应、客户忠诚度、政策与政府关系、渠道、产品差异化等。我们不难发现，关键成功因素与行业壁垒存在很多重合，在某种意义上，KSF可以简单理解为"做到行业顶尖水平的壁垒"。

（三）行业竞争格局与竞争对手

行业竞争格局与竞争对手分析，一般包括行业集中度、竞争格局和主要竞争对手表现情况。

1.行业集中度

行业集中度的衡量方法一般是市场内前N家最大的企业所占市场份额的总和，一般有CR5（市场前五名占比）和CR10（市场前十名占比）。研究行业集中度的目的在于观察行业的竞争与垄断的水平。集中度越高的行业越难进入，所以盈利水平较高；集中度低，一般表明进入门槛低、行业分散，但竞争激烈、盈利水平低。

2.竞争格局

竞争格局可以分为完全竞争、垄断竞争、寡头垄断、完全垄断四种类型，通过分析市场进入门槛、产品差异化程度、企业对产品价格和产量的影响程度、企业的盈利水平、市场信息的透明度等来分析判断。

3.主要竞争对手表现情况

主要竞争对手表现情况一般是研究行业及细分行业的领头羊。研究内容包括：

- 竞争对手名单。

- 竞争对手特点：业务领域、优势与劣势。

- 竞争对手关键指标：产能、收入、盈利水平等。

（四）下游市场和客户及消费者行为分析

下游市场和客户及消费者行为分析，一般包括下游细分行业研究、客户研究。

1.下游细分行业研究

一个行业是由很多不同细分行业组成的，细分的维度多种多样，按照企业的性质，可以把行业内公司分成国企、民企和外企；按照产品的定价，可以分成低端、中端和高端；一些行业产业链上下游比较紧密，也可以按照产业链的上下游的划分直接分类。

因此，对细分市场规模的研究必不可少，当然也包括历史和未来的发展趋势。同理，细分行业也会有一些独特的行业特征，且同一类行业的细分行业特征可能大不相同。这些在整体行业分析中需要涉及的点，在分析细分行业时也同样是必要的。

2.客户研究

客户研究的对象一般有两类：个人客户（消费者）与企业客户。虽然这两类客户的属性、行为等截然不同，但研究的内容往往殊途同归，主要是客户属性、客户行为与价值、客户分群。

（1）客户属性

个人客户的属性包括性别、年龄、学历、收入、所在城市等。企业客户则包括行业与细分领域、所在城市、营业收入、产能等。

（2）客户行为与价值

客户行为主要是客户在实际购买中的偏好，如价格、品牌、渠道等的选择。而客户价值则主要衡量客户支付能力与支付意愿。

（3）客户分群

基于客户的属性、行为与价值，可以将客户划分成不同的群组。客户分群的意义与行业细分相似，先将广大的客户群体分成不同的类别，然后采用不同的产品策略与营销策略。

四、行业研究的常见错误

每天，这个世界上都有无数的研究报告被制造出来，报告的质量参差不齐，甚至有些报告出现数据前后矛盾、统计口径不对称、逻辑混乱等错误，最终成为垃圾报告。下面介绍报告中的几种常见错误。

（一）过度相信既有数据

在国内，提供数据的机构主要有两类：一类是市场研究机构，包括数据公司、咨询公司等。在这一大类中，各家公司的业务水平、职业道德参差不齐，差距极大。另一类是官方机构，如统计局、行业协会等，这类机构出具的数据相对严谨和可靠。

无论是哪种数据，我们都要去鉴别数据的准确度。要做到同类对标、狭义和广义比对、相关对比和演绎归谬。另外，数据口径也是经常会犯错误的地方。不同数据均有特定的统计方法，如果没有注意这些口径而轻易使用了数据，往往会导致最终数据失实。例如，有些研究机构把统计年鉴中"规模以上企业的数量"当成"所有企业的数量"，或者把"规模以上企业的产值"当成"所有企业的产值"，然后进行各种计算和分析，统计口径搞

错了，得到的结论自然是错误的。

（二）缺乏有效的量化手段

市场上大部分报告的定性分析多于定量分析，这些定性分析既缺乏翔实的数据支撑，也没有落到量化的结果上。当然，有些机构也给了不少数据，但这些数据没经过逻辑严谨的计算，更多的是靠"拍脑袋"估算，也就无法得到最后的结论。在日常工作中，经常会遇到一些细分行业缺乏官方权威的行业数据的情况，对此，我们要深入了解整个行业，找出其市场规模的推算逻辑和方法，并估算出该细分市场规模的数据，得到数据后，我们通过业内专业人士的经验来考证数据的准确性，也通过上下游市场规模来反推验证该行业的市场规模数据的准确性，然后反复推敲建模的推算逻辑和方法是否靠谱和准确。

（三）论证逻辑不严谨

数据论证的过程一定要有严密的逻辑性，否则只能算"拍脑袋"，而不是论证。最常见的就是堆砌无用的论据，很多报告为了使分析"看上去"有道理，或者内容"看上去"充实，使用了大量的无效论据做"验证"，而这些论据其实和结论没有关系。

1.论证不周

在论证过程中遗漏一些关键证据，导致最终结论有瑕疵，甚至与事实相违背。这是最常见的谬误，在实际工作中也很难避免。其根本原因是事物本身的复杂性，缺乏逻辑思维和独立思考能力以及思考分析不周全。

2.错误归因

如果两件事同时发生或先后发生，并不能说明任何相关性。这两件事可能有共同的起因，可能有因果关系，也可能根本毫不相关。例如，啤酒和西瓜的销量往往正相关，因为两者的销量上升是夏天气温上升导致的。其他因素，如世界杯、奥运会等会导致啤酒销量上升，但并不影响西瓜的销量，如果在世界杯、奥运会期间我们看到啤酒销量上升就判断西瓜的销量也会上升，显然结论是错的。

3.孤例论证

在论证过程中，用个别案例代替整体状况。此类谬误往往是故意为之，通过刻意寻找的一些孤例来论证自己的观点，对其他普遍现象一概视而不见。其论证一般是先确定观点或立场，然后仅挑选那些对自己有利的证据。这样以偏概全，论证自然缺乏说服力。

（四）缺乏结论

相信不少人读过这样的报告：有非常多的数据和信息，这些数据和信息的可信度比较高，但这些数据和信息有什么内在联系、会产生什么样的影响却一概不谈，或者谈得很少。这就是典型的缺乏结论和观点。其主要原因是缺乏对数据背后隐含意义的挖掘，缺乏思考不同数据之间的联系。这一类错误往往很隐蔽，因为其会被过多的数据与信息掩盖。

第三节
技术可行性分析

一个募投项目，除了要有广阔的市场空间，还需要企业有雄厚的技术实力、先进的生产设备和成熟的工艺，才能生产出优质的产品，赢得客户的认可，才能获得市场份额，从而取得竞争优势。在"我有能力生产"的三个因素（已掌握了产业化的技术、拥有足够的管理人员和技术人员、有足够的能力采购原材料）中，"已掌握了产业化的技术"是关键。关于技术可行性分析，我们一般通过表2-1所示的几个维度进行研究：募投项目的产品性能及应用、工艺流程、技术工艺先进性、工艺成熟度、可批量化生产。

表2-1 技术可行性分析模块

序号	产品性能及应用	工艺流程	技术工艺先进性	工艺成熟度	可批量化生产
1	产品型号	工艺流程图	技术先进性	生产条件成熟	原材料供应充足
2	产品性能	工艺流程说明	工艺先进性	技术工艺成熟	工艺先进、成熟
3	产品示例		专利成果	团队经验	生产设备齐全
4	产品应用领域		认证标准	替代性	

一、产品性能及应用

各行各业生产的产品琳琅满目，特别是一些"高精尖专"行业，出品的都是科技含量高且专有的产品。因为不是日常用品，很多产品是人们无法理解的。因此，做技术可行性分析的第一步就是要向资本市场的普通投资者介绍该募投项目的产品性能及应用，主要包括产品型号、产品性能、产品示例和产品应用领域。

以无损检测设备行业为例，为了让普通投资者可以简单明了地理解该募投项目的产品，我们用表格的形式介绍产品名称、型号、示例及应用领域，如表2-2所示。

表2-2　募投项目产品性能及应用介绍

产品名称	产品型号	示例	应用
相控阵仪器	共有Phascan、Phascan II、Flexscan三个系列，每个系列包含不同的配置型号		适用于航空航天、重型机械、核电、船舶、高铁、压力容器与管线等工业领域
板卡	主要包含ROBUST相控阵板卡、Multiscan8通道常规超声检测板卡、Genuine无线相控阵板卡三种型号		适用于钢铁、核电、航空航天、石油石化、军工等工业领域

续表

产品名称	产品型号	示例	应用
常规仪器	主要包含数字超声波探伤仪 Anyscan、Pangolin-38 强发射数字超声检测仪、Pangolin-39 强发射数字超声检测仪		适用于航空航天、重型机械、核电、船舶、高铁、压力容器与管线等工业领域
扫查器	主要包含 GECKO 自动爬行扫查器、FC-XY02-DD XY 双轴电动吸盘自动扫查器、DSC-08 多功能自动扫查器等型号		适用于大型罐体焊缝检测、平板焊缝检测、母材检测、腐蚀检测、超声测厚等检测
自动化检测设备	包括核电部件自动检测设备、新能源电池涂胶黏结质量自动检测设备等定制化产品		集成了超声相控阵检测仪或超声板卡、检测方法、超声换能器及扫查装置、机械传动、自动化控制等多个领域,适用于航空航天、重型机械、核电、船舶、高铁、压力容器与管线等工业领域

续表

产品名称	产品型号	示例	应用
工业阵列探头	主要包含线阵相控阵探头系列、轮式相控阵探头、面阵相控阵探头系列、集成楔块相控阵探头系列、凹阵或环型阵列探头系列等		适用于航空航天、重型机械、核电、船舶、高铁、压力容器与管线等工业领域
医用阵列探头	主要包含医用阵列探头		主要应用于医疗领域的检测

二、工艺流程

企业拥有先进的技术，加上成熟的工艺，才能生产出高品质的产品。生产工艺流程图可让投资者更直观地了解整个产品的生产过程以及采取的工艺流程和方法。并且用通俗语言对工艺流程图展开说明，使得普罗大众可以明白高深的技术工艺流程。企业有了雄厚的技术和成熟的工艺，可增强投资者购买该股票的信心。

以航材行业为例，通过展示募投产品的生产工艺流程及步骤说明，可让投资者更加了解该公司的产品技术及工艺。

该募投产品之一是飞机散货舱地板及侧板，其制造工艺流程包括原辅料的生产准备、铺贴、固化、切割、检验、包装等工段。

① 原辅料的生产准备工段。生产地板及侧板产品时，使用的原材料有三种，分别为皮层（也称预浸料）、胶膜及蜂窝芯。其中，皮层和胶膜的存储条件是–18℃，在使用前首先要对其进行解冻；对于蜂窝芯，需要按照产品的厚度要求进行片切，之后使用专用设备对其进行清洁及做质量控制。

② 铺贴工段。为保证产品的性能，需要在无尘车间按照地板产品的生产工艺，由经过专业培训的技术工人在特定的工作台上进行铺贴，同时填写生产记录追溯表。填写的内容包括使用的每一种原材料的件号、批号、操作员等信息，用以建立完整的产品追溯体系。

③ 固化工段。将铺贴完成的地板及侧板产品使用专用的周转车，将产品送入控温压机设备，并控制设备在特定的压力和升温降温曲线下，对地板进行加压加温固化。固化完成后，填写生产记录追溯表，同时打印设备运行期间实际压力、温度和设定压力、温度的对比图，作为生产质量控制的一环。

④ 切割工段。使用CNC（数控机床）设备，对产品进行去边，或按照要求进行挖孔等操作。

⑤ 检验、包装工段。按照图纸和作业指导书的要求，对板材进行检验、留样、测试，合格后签发相应的生产证明并进行包装。

详细的制造工艺流程如图2-9所示。

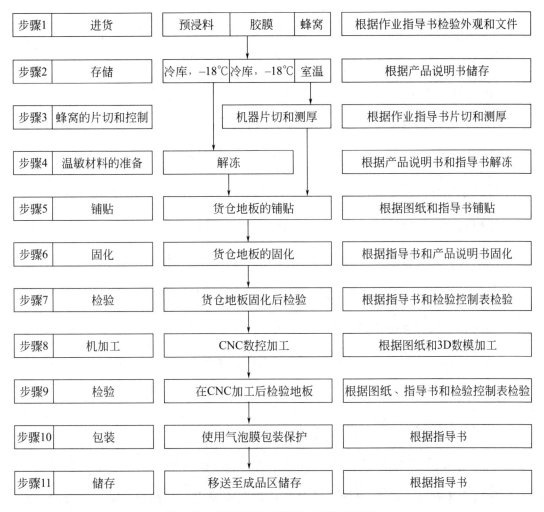

图2-9 货舱地板及侧板生产工艺流程图

三、技术工艺先进性分析

关于技术工艺先进性分析，我们从产品获得的专利技术判断其科研创新实力，从制造出来的产品获得多方官方权威认证，或符合国家标准来判断其产品的市场适应性，只有高质量的产品和具备广阔的应用市场，才能为公司创造经济价值，为人们创造社会价值。

以超声检测设备行业为例，募投项目的产品由公司自主研发，拥有自主知识产权，包含多项发明专利。例如，某公司的新一代柔性超声相控阵阵列换能器，采用柔性压电陶瓷复合材料晶片、阻尼背材、匹配层、柔性线路板、同轴电缆线和探头接口，匹配层、柔性压电陶瓷复合材料晶片和阻尼背材依次黏接在一起形成声学叠层，柔性线路板与柔性压电陶瓷复合材料晶片连接，并从柔性线路板引出多芯同轴电缆线到所述探头接口，得到的超声换能器中心频率 $Fc = 7.85MH$ 时，带宽可达 $Bw = 87.78\%$，脉冲回波灵敏度可达 $Sr = -36.54dB$，相邻近阵元串扰为 $-34dB$，增强了超声检测的适应能力，增强了超声检测的检测能力，获得了中国发明专利授权，专利号为 $2013100\times\times\times\times\times\times$。

产品经ISO9001：2015质量管理体系认证、欧盟CE产品安全认证、欧盟EN-12668标准符合性认证和欧盟电子电气产品材料及工艺标准（ROHS）认证等众多质量体系认证标准，所有测试指标达到国际标准，产品质量获得国内外客户的广泛认可。

四、成熟度分析

成熟度分析是从研发、生产、技术工艺和团队经验上阐述其成熟度。在研发上，有雄厚的研发实力，申请了多项高科技含量的发明专利；在生产上，有先进的生产设备及丰富的生产经验，能产出优质的产品；在技术工艺上，有先进的技术和成熟工艺，为优质产品提供技术保障；在团队经验上，公司团队有几十年的业内从业经验，团队由在顶尖企业有多年工作经验的人才及多位来自国内顶尖大学的各类专业人才组成。公司在建设该募投项目之前，有十多年的研发、设计、生产经验。

成熟的团队、技术和生产条件将在很大程度上提高产品各项性能、质量稳定性、产品质量等级等，同时更大的生产规模将降低能耗和产品的生产成本。

五、可批量化生产

一个产品可以批量化生产需要具备三个条件：原材料供应充足、技术先进及工艺成熟、生产设备先进齐全。

（一）原材料供应充足

我们要说明原材料供应充足，不存在对某个供应商的严重依赖。募投项目所需的原材料就是市场上供应充足的原辅料产品，并且公司有多家原材料供货商，不存在对单个采购渠道的依赖。因此，项目的批量化生产在原材料生产和采购方面不存在问题。

（二）技术先进及工艺成熟

我们要说明团队成熟、技术先进及工艺成熟。公司核心团队拥有十几年的业内从业经验，在产品研发、设计、生产和销售服务上具备丰富经验；技术先进，获得多项研发成果及发明专利；工艺相对成熟，为募投项目的生产工艺应用准备充足。公司按技术工艺流程编制工序，标准化、自动化、智能化生产，实现最优生产流程，为产品质量稳定性提供了有效保障，满足批量化生产的条件。

（三）生产设备先进齐全

我们要说明募投项目将购置的生产设备先进，能装备一流的生产线。批量引入生产装备和产品检验设备齐全，性能稳定可靠，先进的自动化设备使得生产效率高于传统生产设备，组装速度更快、精度更高、良率更高、效率更高。先进的自动化生产设备将显著提高产品的工业化生产效率、产品质量与品质稳定性，使其批量化生产更具优越性。

第四节
经济效益可行性分析

一、经济效益关键指标

判断一个募投项目是否可行，最关键的指标是经济效益可行。一个不能为企业赚钱的项目不是好项目，正如"一只不会抓老鼠的猫不是一只好猫"。我们可以使用财务净现值（FNPV）、财务内部收益率（FIRR）和投资回收期三个关键指标来论证募投项目的"财务可行性"，如表2-3所示。

表2-3　经济效益可行性指标

项目	定义	作用
财务净现值（FNPV）	财务净现值是指把项目计算期内各年的财务净现金流量，按照一个给定的标准折现率（基准收益率）折算到建设期初（项目计算期第一年年初）的现值之和。财务净现值是考察项目在其计算期内盈利能力的主要动态评价指标	财务净现值表示建设项目的收益水平超过基准收益的额外收益。该指标在被用于投资方案的经济评价时，财务净现值大于等于零，项目可行；多方案比选时，净现值越大的方案越优
财务内部收益率（FIRR）	财务内部收益率是指项目在整个计算期内各年财务净现金流量的现值之和等于零时的折现率，也就是使项目的财务净现值等于零时的折现率	财务内部收益率是反映项目实际收益率的一个动态指标，该指标越大越好。一般情况下，财务内部收益率大于等于基准收益率时，项目可行
投资回收期	投资回收期按照是否考虑资金时间价值可以分为静态投资回收期和动态投资回收期 静态投资回收期是指以项目每年的净收益回收项目全部投资所需要的时间，是考察项目财务上投资回收能力的重要指标 动态投资回收期是指在考虑了资金时间价值的情况下，以项目每年的净收益回收项目全部投资所需要的时间	当静态投资回收期小于等于基准投资回收期时，项目可行

如何得到这三个财务指标？

我们通过近20个Excel表格来搭建完整的财务测算经济模型，每个表格都有数据链接，而且环环相扣、步步相关。我们做经济效益测算的时候，素材依据的是企业提供的募投项目基础材料，方法论依据的是国家发展改革委、原建设部于2006年发布的《建设项目经济评价方法与参数（第三版）》（以下简称经济评价方法）。建设项目经济评价在项目初步方案的基础上，采用科学的分析方法，对拟建项目的财务可行性和经济合理性进行分析论证，提高投资决策的科学性，为项目的科学决策提供经济方面的依据，并减少和规避投资风险，充分发挥投资效益，具有重要作用。

二、建设项目经济评价方法

（一）经济评价方法的使用范围

所有项目的经济评价都是基于资金时间价值这一原理，因此本方法具有较宽的适用面，可用于各行各业的建设项目，如工业、农业、林业、交通运输、教育、卫生、房地产开发等大行业。同样，各大行业内的小行业也可以用此方法进行经济评价。

本方法对不同投资主体在使用上没有限制。市场经济发展至今，投资主体已经拓展为政府、国企、民企、事业单位、个体经济等多种主体，形成了投资主体多元化、资金来源多渠道、投资方式多样化、项目建设市场化的新格局。

（二）经济评价应遵循的基本原则

经济评价应遵循以下基本原则。

① "有无对比"原则。"有无对比"是指"有项目"相对于"无项目"的对比分析。"无项目"状态指不对该项目进行投资时，在计算期内，与项目有关的资产、费用与收益的预计发展情况；"有项目"状态指对该项目进行投资后，在计算期内，资产、费用与收益的预计情况。"有无对比"求出项目的增量效益，排除了项目实施以前各种条件的影响，突出项目活动的效果。在"有项目"与"无项目"两种情况下，效益和费用的计算范围、计算期应保持一致，这样才具有可比性。

② 效益与费用计算口径对应一致的原则。将效益与费用限定在同一个范围内，才有可能进行比较，计算的净效益才是项目投入的真实回报。

③ 收益与风险权衡的原则。投资人关心的是效益指标，但是对可能给项目带来风险的因素考虑得不全面，对风险可能造成的损失估计不足，结果往往有可能使项目失败。收益与风险权衡的原则提示投资者，在进行投资决策时，不仅要看到效益，还要关注风险，权衡得失利弊后再行决策。

④ 定量分析与定性分析相结合，以定量分析为主的原则。经济评价的本质就是要对拟建项目在整个计算期的经济活动，通过效益与费用的计算，对项目经济效益进行分析和比较。一般来说，项目经济评价要求尽量采用定量指标，但对一些不能量化的经济因素，不能直接进行数量分析，对此要求进行定性分析，并与定量分析结合起来进行评价。

⑤ 动态分析与静态分析相结合，以动态分析为主的原则。动态分析是指利用资金时间价值的原理对现金流量进行折现分析。静态分析是指不对现金流量进行折现分析。项目经济评价的核心是折现，所以分析评价要以折现（动态）指标为主。非折现（静态）指标与一般的财务和经济指标内涵基本相同，比较直观，但只能作为辅助指标。

（三）财务效益与费用的估算步骤

财务效益与费用是经济效益评价分析的重要基础，其估算的准确性与可靠程度对项目投资分析的影响极大。财务效益与费用估算应遵循"有无对比"的原则，正确识别和估算"有项目"和"无项目"状态的财务效益与费用。财务效益与费用应反映行业特点，符合依据明确、价格合理、方法适宜和表格清晰的要求。

财务效益与费用的估算步骤如下。

1.营业收入估算

项目经济效益评价中的营业收入包括销售产品或提供服务所获得的收入，是现金流量表中现金流入的主体，也是利润表的主要科目，其估算的基础数据包括产品或服务的数量和价格。营业收入是经济效益分析的重要数据，其估算的准确性极大地影响项目经济效益的估算。

（1）产品或服务的价格

营业收入估算应分析、确认产品或服务的市场预测分析数据，特别要注重目标市场有效需求的分析；说明项目建设规模、产品或服务方案；分析产品或服务的价格，采用的价格基点、价格体系、价格预测方法；论述采用价格的合理性。对于适用增值税的项目，运营期内投入和产出的估算表格应采用不含增值税价格，如采用含增值税价格，应予以说明。

（2）产品或服务的数量

各期产品或服务的数量应根据技术的成熟度、市场的开发程度、产品的寿命期、需求量的增减变化等因素，结合行业和项目的特点，通过制订运营计划合理确定。工业项目评价中营业收入的估算基于一项重要假定，即当期的产出当期全部销售，也就是当期产品产量等于当期销量。分年运营量可根据经验确定负荷率（达产率）后计算或通过制订销售计划确定。

① 按照市场预测的结果和项目具体情况，根据经验直接制定分年的达产率。判定时应考虑项目性质、技术掌握难易程度、产出的成熟度及市场的开发程度等因素。

② 根据市场预测的结果，结合项目性质、产出特性和市场开发程度制订分年运营计划，进而确定各年产出数量，相对而言，这种做法更具合理性。运营计划或分年负荷的确定不应是固定的模式，应强调具体项目具体分析。一般开始投产时达产率较低，以后每年逐步提高，提高的幅度取决于上述因素的分析结果。有些项目的产出寿命期较短、更新快，达到一定负荷后，在适当的年份开始减少产量，甚至适时终止生产。

项目营业收入估算表如表2-4所示。

表2-4　项目营业收入估算表

项目	T1	T2	T3	T4	……	T10
总收入/万元						
实际产出率						
A产品						
单价/（万元/台）						
数量/台						
B产品						
单价/（万元/台）						
数量/台						
C产品						
单价/（万元/台）						
数量（台）						
D产品						
单价/（万元/台）						
数量/台						
……						

2.建设投资

建设投资是项目费用的重要组成部分，是项目经济效益分析的基础数据。建设投资估算应在给定的建设规模、产品方案和工程技术方案的基础上，估算项目建设所需的费用。建设投资的构成可按概算法分类或按形成资产法分类。

按概算法分类是我们在日常工作中经常使用的方法，建设投资由工程费用、工程建设其他费用和预备费三部分构成。其中，工程费用由建设工程费、设备购置费和安装工程费构成；工程建设其他费用内容较多，且随行业和项目的不同而有所区别；预备费包括基本预备费和涨价预备费。

按形成资产法分类，建设投资由形成固定资产费用、形成无形资产费用、形成其他资产费用和预备费四部分组成。固定资产的费用指项目投产时将直接形成固定资产的建设投资，包括工程费用和工程建设其他费用按规定形成固定资产的费用。无形资产费用是指将直接形成无形资产的建设投资，主要是专利权、专利技术、商标权、土地使用权和商誉等。对于土地使用权的特殊处理，按照有关规定，在尚未开发或建造自用项目前，土地使用权作为无形资产核算，房地产开发企业开发商品房时，将其账面价值转入开发成本；企业建造自用项目时将其账面价值转入在建工程成本。因此，为了与以后的折旧和摊销计算相协调，在建设投资估算表中通常可将土地使用权直接列入固定资产其他费用。

项目建设投资费用估算表和项目设备购置费估算表分别如表2-5、表2-6所示。

表2-5 项目建设投资费用估算表

序号	工程名称	数量 /平方米	单价 /（元/平方米）	总投资金额 /万元
（一）	工程费用			
1	土地购置费			
2	土建工程			
	——生产基地			
	——宿舍及配套			
3	装修工程			
	——生产基地			
	——宿舍及配套			
4	公共配套工程			
	——供电工程			
	——排水工程			
	——消防工程			
（二）	设备购置费			
（三）	预备费			
	建设投资合计			

表2-6　项目设备购置费估算表

项目	设备名称	数量	单位	单价/万元	总价/万元
硬件设备	A				
	B				
	C				
	D				
	E				
	F				
	G				
	……				
	生产及测试设备合计				
软件设备	A				
	B				
	C				
	……				
	软件设备合计				
办公设备	A				
	B				
	C				
	……				
	办公设备合计				
	设备总投入：				

3.流动资金

项目运营需要流动资产投资，但项目评价中需要估算并预先筹措的是从流动资产中扣除流动负债，即企业短期信用融资（应付账款）后的流动资金。项目评价中流动资金的估算应考虑应付账款对需要预先筹措的流动资金的抵减作用。对有预收账款的某些项目，还可以同时考虑预收账款对流动资金的抵减作用。

流动资金估算方法可采用扩大指标估算法或分项详细估算法。我们一般采用分项详细估算法，具体方法如下。

分项详细估算法是对流动资产和流动负债的主要构成要素，即现金、存货、应收账款、预付账款、应付账款和预收账款等几项内容分项进行估算，计算公式如下。

● 流动资金=流动资产−流动负债

● 流动资产=应收账款+预付账款+存货+现金

● 流动负债=应付账款+预收账款

● 流动资金本年增加额=本年流动资金−上年流动资金

因此，流动资金估算表如表2-7所示。

表2-7 流动资金估算表

项目	周转率	T1	T2	T3	T4	……	T10
流动资产							
货币资金							

续表

项目	周转率	T1	T2	T3	T4	……	T10
应收账款							
预付账款							
存货							
流动负债							
应付账款							
预收账款							
流动资金							
流动资金本期增加额							
铺底流动资金							

　　流动资金估算的具体步骤是：首先确定各分项最低周转天数，计算出周转次数，然后进行分项估算。

　　（1）周转次数的计算

　　周转次数=360天/最低周转天数

　　各类流动资产和流动负债的最低周转天数参照同类企业的平均周转天数，并结合企业近三年的周转天数确定，在确定最低周转天数时应考虑储存天数、在途天数，并考虑适当的保险系数。

　　（2）流动资产的估算

　　① 存货的估算。存货是指企业在日常生产经营过程中持有以备出售

的，或者仍然在生产过程中的，或者在生产或提供劳务过程中将消耗的材料或物料等，包括各类材料、商品、在产品、半成品和产成品等。为简化计算，项目评价中仅考虑外购原材料、燃料、其他材料、在产品和产成品，并分项进行计算。计算公式如下。

● 存货＝外购原材料、燃料＋其他材料＋在产品＋产成品

● 外购原材料、燃料＝年外购原材料、燃料/分项周转次数

● 其他材料＝年其他材料费用/其他材料周转次数

● 在产品＝（年外购原材料、燃料动力费用＋年工资及福利费＋年修理费＋年其他制造费用）/在产品周转次数

● 产成品＝（年经营成本－年其他营业费用）/产成品周转次数

② 应收账款的估算。应收账款是指企业对外销售商品、提供劳务尚未收回的资金。计算公式如下。

应收账款＝年经营成本/应收账款周转次数

③ 预付账款的估算。预付账款是指企业为购买各类材料、半成品或服务所预先支付的款项。计算公式如下。

预付账款＝外购商品或服务年费用金额/预付账款周转次数

④ 现金需要量的估算。项目流动资金中的现金是指维持正常生产运营必须预留的货币资金。计算公式如下。

● 现金＝（年工资及福利费＋年其他费用）/现金周转次数

● 年其他费用＝制造费用＋管理费用＋营业费用－（以上三项费用中所含的工资及福利费、折旧费、摊销费、修理费）

（3）流动负债的估算

流动负债是指将在一年（含一年）或者超过一年的一个营业周期内偿还的债务，包括短期借款、应付票据、应付账款、预收账款、应付工资、应付福利费、应付股利、应交税金、其他暂收应付账款、预提费用和一年内到期的长期借款等。在项目评价中，流动负债的估算可以只考虑应付账款和预收账款两项。计算公式如下。

● 应付账款＝外购原材料、燃料动力及其他材料年费用/应付账款周转次数

● 预收账款＝预收的营业收入年金额/预收账款周转次数

4.总成本费用

总成本费用指在运营期内未生产产品或提供服务所发生的全部费用等于经营成本与折旧费、摊销费和财务费用之和。总成本费用估算的行业性很强，估算应注意反映行业特点，或遵循行业规定。总成本费用估算可按以下方法进行。

① 生产要素估算法：

总成本费用＝外购原材料＋燃料和动力＋工资及福利费＋折旧费＋摊销费＋修理费＋财务费用（利息支出）＋其他费用

② 生产成本加期间费用估算法：

● 总成本费用＝生产成本＋期间费用

● 生产成本＝直接材料费＋直接燃料和动力费＋直接人工＋其他直接支

出+制造费用

● 期间费用=管理费用+销售费用+财务费用

总成本费用估算表如表2-8所示。

表2-8　总成本费用估算表

项目	T1	T2	T3	T4	……	T10
一、生产成本						
——直接材料						
——燃料及动力						
——直接人工						
——折旧费摊销						
二、销售费用						
三、管理费用						
四、财务费用						
五、总成本费用合计						
变动成本						
固定成本						
六、经营成本						

在实际工作中，我们经常使用生产成本加期间费用估算法。各分项的内容和估算要点如下。

（1）直接原材料和燃料动力费用的估算

直接原材料和燃料动力费用的估算需要相关专业人士提出的直接原材

料和燃料动力年耗用量，以及在选定价格体系下的预测价格，该价格应按入库价格计算，采用的价格时点和价格体系应与营业收入的估算一致，即营业收入采用不含税价，原材料也要采用不含税价。

原材料消耗估算表和燃料及动力消耗估算表分别如表2-9、表2-10所示。

表2-9　原材料消耗估算表

项目	单位消耗值	T1	T2	T3	……	T10
原材料消耗/万元						
A原材料						
B原材料						
C原材料						
D原材料						
……						

表2-10　燃料及动力消耗估算表

项目	单位消耗值	T1	T2	T3	……	T10
燃料及动力消耗/万元						
水						
电						
气						
……						

（2）人员工资及福利费的估算

人员工资及福利费指企业为获得生产职工提供的服务而给予的各种形式的报酬，通常包括职工工资、奖金和补贴及职工福利费，以及医疗保险费、养老保险费、失业保险费、工伤保险费、生育保险费等社会保险费和住房公积金中由企业缴付的部分。直接人工一般是指生产人员的人工，而销售人员、管理人员、财务人员的人工应分别计入销售费用、管理费用、财务费用。

人员工资及福利费估算表如表2-11所示。

表2-11　人员工资及福利费用估算表

年份	T1	T2	T3	T4	……	T10
管理人员						
平均工资及福利费/［万元/（人·年）］						
人数						
生产线人员						
平均工资及福利费/［万元/（人·年）］						
人数						
技术人员						
平均工资及福利费/［万元/（人·年）］						
人数						
销售人员						
平均工资及福利费/［万元/（人·年）］						
人数						
总人数						
总工资/万元						

（3）固定资产原值及折旧费的估算

① 固定资产原值。计算折旧，需要先计算固定资产原值。固定资产原值是指项目投产时（达到预定可使用状态）按规定由投资形成固定资产的部分。

② 固定资产折旧。固定资产在使用过程中会受到磨损，其价值损失通常是通过提取折旧的方式得以补偿。按照财税制度的规定，企业固定资产应当按月计提折旧，并根据用途计入相关资产的成本或当期损益。固定资产的折旧方法可在税法允许的范围内由企业自行确定，一般采用直线法，包括年限平均法和工作量法。我国税法也允许对某些机器设备采用快速折旧法，即双倍余额递减法和年数总和法。

A.年限平均法：

● 年折旧率$=\dfrac{1-\text{预计净残值率}}{\text{折旧年限}}\times100\%$

● 年折旧额＝固定资产原值×年折旧率

B.工作量法：

工作量法分为两种：一是按照行驶里程计算折旧；二是按照工作小时计算折旧。

按照行驶里程计算折旧的公式如下。

● 单位里程折旧额$=\dfrac{\text{原值}\times(1-\text{预计净残值率})}{\text{总行驶里程}}$

● 年折旧额＝单位里程折旧额×年行驶里程

按照工作小时计算折旧的公式如下。

● 每工作小时折旧额 = $\dfrac{原值×（1-预计净残值率）}{总工作小时}$

● 年折旧额 = 每工作小时折旧额 × 年工作小时

C.双倍余额递减法：

● 年折旧率 = $\dfrac{2}{折旧年限}$ × 100%

● 年折旧额 = 固定资产净值 × 年折旧率

采用双倍余额递减法的，应在折旧年限到期前两年内，将固定资产净值扣除净残值后的净额平均摊销。

D.年数总和法：

● 年折旧率 = $\dfrac{预计使用年限-已使用年数}{预计使用年限×（预计使用年限+1）/2}$ × 100%

● 年折旧额 = （固定资产原值-预计净残值） × 年折旧率

（4）无形资产原值及摊销费的估算

无形资产原值是指项目投产时按规定由投资形成无形资产的部分。按照税法的规定，无形资产从开始使用之日起，在有效使用期限内平均摊入成本。法律和合同规定或约定了法定期限或收益年限的，摊销年限从其规定。无形资产的摊销一般采用平均年限法，不计残值。

资产折旧与摊销估算表如表2-12所示。

表2-12　资产折旧与摊销估算表

项目	折旧年限	分摊值	T1	T2	T3	……	T10
土建工程	20						
每期折旧额							
净值							
装修工程	5						
每期折旧额							
净值							
硬件设备投入	10						
每期折旧额							
净值							
软件设备投入	5						
每期折旧额							
净值							
办公设备投入	5						
每期折旧额							
净值							
总计折旧与摊销							
总余值							

（5）"三费"的估算

销售费用是指企业在销售产品、自制半成品和工业性劳务等过程中发生的各项费用，包括由企业负担的包装费、运输费、装卸费、展览费、广告费、租赁费（不包括融资租赁费）、销售员工工资、福利费、差旅费、物料消耗和其他经费。销售费用属于期间费用，在发生的当期就计入当期的损益。

管理费用是指企业行政管理部门为组织和管理生产经营活动而发生的各种费用，包括的具体项目有：企业董事会和行政管理部门在企业经营管理中发生的，或者应当由企业统一负担的公司经费、工会经费、待业保险费、劳动保险费、董事会费、聘请中介机构费、咨询费、诉讼费、业务招待费、办公费、差旅费、邮电费、绿化费、管理人员工资及福利费等。管理费用属于期间费用，在发生的当期就计入当期的损益。

我们根据公司近三年销售费用、管理费用占营业收入的比例来估算募投项目的销售费用和管理费用。

财务费用是指企业为筹集所需资金而发生的费用，又称为借款费用，包括利息支出（减利息收入）、汇兑损失（减汇兑收益）及相关的手续费等。在大多数项目的财务分析中，通常只考虑利息支出。由于我们经常做的是股权类项目，不涉及借款费用，财务费用通常为零。

（6）固定成本和可变成本的估算

根据成本费用与产量的关系，可以将总成本费用分解为固定成本、可变成本。固定成本一般包括折旧费、摊销费、修理费、工资及福利费（计件工资除外）和其他费用等，通常把运营期发生的全部利息也作为固定成本。可变成本主要包括外购原材料、燃料及动力费和计件工资等。有些成本费用属于半固定半可变成本，可进一步分解为固定成本和可变成本。项目评价中可根据行业特点进行简化处理。

（7）经营成本的估算

经营成本是项目经济评价中所使用的特定概念，作为项目运营期的主要现金流出，其构成和估算可采用如下公式表达。

经营成本＝外购原材料、燃料及动力费＋工资及福利费＋修理费＋其他费用

公式中"其他费用"是指从制造费用、管理费用和销售费用中扣除了折旧费、摊销费、修理费、工资及福利费以后的其余部分。

5.税费

（1）关税

关税是以进出口的应税货物为纳税对象的税种。项目评价中涉及引进设备、技术和进口原材料时，可能需要估算进口关税。项目评价中应按照有关税法和国家的税收优惠政策，正确估算进口关税。我国仅对少数货物征收出口关税，而对大部分货物免征出口关税。若项目的出口产品属于征税货物，应按规定估算出口关税。

（2）增值税

项目评价中应按税法规定计算增值税。必须注意当采用含（增值）税价格计算销售收入和原材料、燃料动力成本时，利润和利润分配表及现金流量表中应单列增值税科目；采用不含（增值）税价格计算时，利润表和利润分配表及现金流量表中不包含增值税科目。应明确说明采用何种计价方式，同时注意涉及出口退税（增值税）时的计算及与相关报表的联系。

（3）消费税

我国对部分货物征收消费税。项目评价中对适用消费税的产品，应按税法规定计算消费税。

（4）税金及附加

税金及附加是指企业经营活动应负担的相关税费，包括消费税、城市维护建设税、资源税、教育费附加、房产税、车船税、城镇土地使用税、印花税，一般企业的税金及附加只涉及城市维护建设税和教育费附加，故本书仅选取这两个税进行介绍。城市维护建设税是一种地方附加税，目前以流转税额（包括增值税和消费税）为计税依据；税率根据项目所在地分市区，县、镇，市区和县、镇以外三个不同等级。教育费附加是地方收取的专项费用，计税依据也是流转税额，税率由地方确定，项目评价中应注意当地的规定。

（5）土地增值税

土地增值税是按转让房地产取得的增值额征收的税种。房地产开发项目应按规定计算土地增值税。

（6）资源税

资源税是国家对开采特定矿产品，或者生产盐的单位和个人征收的税种，通常按照矿产的产量计征。

在会计处理上，消费税、土地增值税、资源税和城市维护建设税及教育费附加均可包含在税金及附加中。"税金及附加"应作为利润和利润分配表中的科目。

（7）企业所得税

企业所得税是针对企业应纳税所得额征收的税种。项目评价中应注意按有关税法对所得税前扣除项目的要求，正确计算应纳税所得额，并采用适宜的税率计算企业所得税，同时注意正确使用有关的所得税优惠政策，并加以说明。

在日常工作中，我们遇到的工业型企业偏多，增值税、税金及附加、企业所得税是主要涉及的税种。增值税、税金及附加我们单表列示，企业所得税一般在利润表中列示。

税金估算表如表2-13所示。

表2-13　税金估算表

项目	T1	T2	T3	T4	……	T10
进项税						
销项税						
应交增值税						
税金及附加						
——城市维护建设税						
——教育费附加						

6.利润表

利润表是反映企业一定会计期间（如月度、季度、半年度或年度）生产经营成果的会计报表。企业一定会计期间的经营成果既可能表现为盈利，也可能表现为亏损，因此利润表也被称为损益表。它全面揭示了企业在某一特定时期实现的各种收入，发生的各种费用、成本或支出，以及企业实现的利润或发生的亏损情况。利润表是根据"收入－费用＝利润"的基本关系来编制的，其具体内容取决于收入、费用、利润等会计要素及其内容，利润表项目是收入、费用和利润要素内容的具体体现。从反映企业经营资金运动的角度看，它是一种反映企业经营资金动态表现的报表，主要提供有关企业经营成果方面的信息，属于动态会计报表。

在项目评价中，我们一般采用多步式编制方法，多步式利润表将利润表的内容做多项分类。从销售总额开始，多步式利润表分以下几步展示企业的经营成果及其影响因素。

第一步，反映销售净额，即销售总额减销货退回与折让，以及销售税金后的余额。

第二步，反映销售毛利，即销售净额减销售成本后的余额。

第三步，反映销售利润，即销售毛利减销售费用、管理费用、财务费用等期间费用后的余额。

第四步，反映营业利润，即销售利润加上其他业务利润后的余额。

第五步，反映利润总额，即营业利润加（减）投资净收益、营业外收支、会计方法变更对前期损益的累积影响等项目后的余额。

第六步，反映所得税后利润，即利润总额减应计所得税（支出）后的余额。

按照以上步骤简化得到利润表的估算模型，如表2-14所示。

表2-14　利润表估算

项目	T1	T2	T3	T4	……	T10
销售收入						
销售成本						
毛利						
毛利率						
税金及附加						
销售费用						
管理费用						
财务费用						
总成本						
税前利润						
所得税税率						
所得税						
净利润						
净利润率						

7. 现金流量表

现金流量表是财务报表的三个基本报告之一，所表达的是在一固定期间（通常是每月或每季）内，一家企业的现金（包含银行存款）的增减变动情形。在项目评价中，募投项目的现金流量表的估算，是以现金的收入与现金的支付作为计算的依据，在此基础上，核算现金收支情况下的实际净收入。其中，现金收入包括全部的销货收入；现金支出包括固定资产投入、流动资金、经营成本与增值税、税金与附加以及企业所得税。

在现金流量表估算中，我们可以得到三个重要指标：财务净现值（FNPV）、内部收益率（FIRR）和投资回收期。关于这三个指标的计算，我们在后面"经济效益关键指标分析"中详细讲述。

现金流量表以动态分析为主，以营业收入、建设投资、经营成本和流动资金的估算为技术，考察整个计算期内现金流入和现金流出。编制出现金流量表，利用资金时间价值的原理进行折现，才能计算出财务净现值（FNPV）、内部收益率（FIRR）和投资回收期三个关键指标。

因此，在计算项目现金流量时，要关注一个数据——"财务基准收益率（I_c）"，我们也叫它"项目的基准折现率（I_c）"。我们服务过各行各业的企业，由于行业差异大，一般参考国家发展改革委、原建设部在2006年联合发布的《中国部分行业建设项目全部投资税前财务基准收益率取值表》和《中国部分行业建设项目全部投资税后财务基准收益率取值表》（同时补充了2013年更新版本《建设项目财务基准收益率取值表》）来确定项目的基准折现率，分别如表2-15、表2-16所示。

表2-15　中国部分行业建设项目全部投资税前财务基准收益率取值表

类号	行业	参数值	类号	行业	参数值
1	-农业		43	国家原油存储设施	8.00%
11	种植业	7.00%	44	长距离输油管道	10.00%
12	畜牧业	7.50%	45	长距离输气管道	10.00%
13	渔业	8.00%	5	-石化	
14	农副食品加工	8.00%	51	原油加工及石油制品制造	12.00%
2	-林业		52	初级形态的塑料及合成树脂制造	14.00%
21	林产加工	11.00%	53	合成纤维单（聚合）体制造	14.00%
22	森林工业	12.00%	54	乙烯联合装置	12.00%
23	林纸林化	12.00%	55	纤维素纤维原料及纤维制造	14.00%
24	营造林	8.00%	6	-化工	
3	-建材		61	氯碱及氯化物制造	11.00%
31	水泥制造业	11.00%	62	无机化学原料制造	10.00%
32	玻璃制造业	13.00%	63	有机化学原料及中间体制造	11.00%
4	-石油		64	化肥	10.00%
42	陆上油田开采	13.00%	65	农药	13.00%

续表

类号	行业	参数值	类号	行业	参数值
66	橡胶制品制造	12.00%	818	抽水蓄能电站	8.00%
67	化工新型材料	12.00%	82	-电网工程	
68	专用化学品制造（含精细化工）	13.00%	821	送电工程	7.00%
7	-信息产业		822	联网工程	7.00%
71	固定通信	5.00%	823	城网工程	7.00%
72	移动通信	10.00%	824	农网工程	6.00%
73	邮政通信	3.00%	825	区内或省内电网工程	7.00%
8	-电力		9	-水利	
81	-电源工程		91	水库发电工程	7.00%
811	火力发电	8.00%	92	调水、供水工程	4.00%
812	天然气发电	9.00%	10	-铁路	
813	核能发电	7.00%	101	铁路网既有线改造	6.00%
814	风力发电	5.00%	102	铁路网新线建设	3.00%
815	垃圾发电	5.00%	11	-民航	
816	其他能源发电（潮汐、地热等）	5.00%	111	大中型（干线）机场建设	5.00%
815	热电站	8.00%	112	小型（支线）机场建设	1.00%

表2-16　中国部分行业建设项目全部投资税后财务基准收益率取值表

类号	行业	参数值	类号	行业	参数值
1	-农业		43	国家原油存储设施	8.00%
11	种植业	8.00%	44	长距离输油管道	12.00%
12	畜牧业	9.50%	45	长距离输气管道	12.00%
13	渔业	9.00%	5	-石化	
14	农副食品加工	9.00%	51	原油加工及石油制品制造	13.00%
2	-林业		52	初级形态的塑料及合成树脂制造	16.00%
21	林产加工	11.00%	53	合成纤维单（聚合）体制造	16.00%
22	森林工业	13.00%	54	乙烯联合装置	15.00%
23	林纸林化	12.00%	55	纤维素纤维原料及纤维制造	16.00%
24	营造林	9.00%	6	-化工	
3	-建材		61	氯碱及氯化物制造	12.00%
31	水泥制造业	12.00%	62	无机化学原料制造	11.00%
32	玻璃制造业	14.00%	63	有机化学原料及中间体制造	12.00%
4	-石油		64	化肥	10.00%
41	陆上油田开采	14.00%	65	农药	15.00%
42	陆上气田开采	13.00%	66	橡胶制品制造	12.00%

续表

类号	行业	参数值	类号	行业	参数值
67	化工新型材料	13.00%	82	-电网工程	
68	专用化学品制造（含精细化工）	15.00%	821	送电工程	9.00%
7	-信息产业		822	联网工程	10.00%
71	固定通信	6.00%	823	城网工程	10.00%
72	移动通信	13.00%	824	农网工程	9.00%
73	邮政通信	3.00%	825	区内或省内电网工程	9.00%
8	-电力		9	-水利	
81	-电源工程		91	水库发电工程	8.00%
811	火力发电	10.00%	92	调水、供水工程	5.00%
812	天然气发电	12.00%	10	-铁路	
813	核能发电	9.00%	101	铁路网既有线改造	3.00%
814	风力发电	8.00%	102	铁路网新线建设	1.00%
815	垃圾发电	8.00%	11	-民航	
816	其他能源发电（潮汐、地热等）	8.00%	111	大中型（干线）机场建设	3.00%
817	热电站	10.00%	112	小型（支线）机场建设	
818	抽水蓄能电站	10.00%			

确定了行业的基准折现率，我们就可以按照现金流入和现金流出的步骤计算出募投项目的现金流量表，如表2-17所示。

表2-17　项目现金流量表估算

序号	项目	建设期	运营期				
		T1	T1	T2	T3	……	T10
1	现金流入						
1.1	销售收入						
1.2	回收固定资产余值						
1.3	回收流动资金						
2	现金流出						
2.1	固定资产投资						
2.2	流动资金投入						
2.3	付现成本						
2.4	支付税金及附加						
2.5	支付所得税						
2.6	净现金流量（税后）						
2.7	累计净现金流量						
2.8	净现金流量（税前）						
2.9	累计净现金流量						
3.1	净现值（税后）						
3.2	净现值（税前）						
4.1	内部收益率（税后）						
4.2	内部收益率（税前）						
5.1	投资回收期（税后）						
5.2	投资回收期（税后）						

三、经济效益关键指标分析

（一）盈利能力分析

根据上述现金流入和流出编制项目投资现金流量表，并依据该表计算出项目的财务净现值（FNPV）、财务内部收益率（FIRR）和投资回收期。除这三个指标外，我们一般也计算出总投资收益率（ROI）来综合衡量项目的盈利能力，这些指标是募投项目盈利能力的完整体现，用以考察项目方案设计本身所决定的财务盈利能力。我们作出了所得税前和所得税后两个指标。税前指标不受融资方案和所得税政策变化的影响，仅仅体现项目方案本身的合理性，用于考察项目是否基本可行，并值得去为之融资。税后指标是所得税前分析的延伸，由于所得税作为现金流出，可用于判断税后项目投资对企业价值的影响，是企业投资决策依据的主要指标。

财务净现值（FNPV）、财务内部收益率（FIRR）和投资回收期及总投资收益率（ROI）四大指标的推理计算公式如下。

1.财务净现值

财务净现值（FNPV）可以借助项目投资现金流量表计算。财务净现值是指按设定的基准折现率（财务基准收益率）计算的项目计算期内净现金流量的现值之和。计算公式如下。

$$\text{FNPV} = \sum\nolimits_{t=1}^{n} (CI - CO)_t (1 + I_c)^{-t}$$

式中，CI 为现金流入量；CO 为现金流出量；$(CI-CO)_t$ 为第 t 期的净现金流量；n 为项目计算期，一般按年来统计。

一般情况下，财务盈利能力只计算项目投资财务净现值，可根据需要选择计算所得税前净现值和所得税后净现值。按照设定的基准折现率计算的财务净现值大于零时，可以判断项目方案在财务上可行。

2. 财务内部收益率

财务内部收益率（FIRR）可以借助项目投资现金流量表计算。财务内部收益率是指项目计算期内净现金流量现值累计等于零时的折现率，即 FIRR 作为折现率使下面的公式成立：

$$\sum_{t=1}^{n}(CI-CO)_t(1+FIRR)^{-t}=0$$

式中，CI 为现金流入量；CO 为现金流出量；$(CI–CO)_t$ 为第 t 期的净现金流量；n 为项目计算期。

项目投资财务内部收益率、项目资本金财务内部收益率和投资各方财务内部收益率都依据上面的公式计算，但所用的现金流入和现金流出不同。当财务内部收益率（FIRR）大于或等于所设定的判别基准折现率时，项目方案在财务上是可行的。同时，我们也参考同行上市公司的同类募投项目的财务内部收益率情况作对比，如果明显比同行低或者明显比同行高，我们会建议企业重新核实基础资料的真实性和严谨性，一般同一个行业类似的产品，其财务内部收益率应该差不多。

3. 投资回收期

项目投资回收期（P_t）可以借助项目投资现金流量表计算。项目投资回收期是指以项目的净收益回收项目投资所需要的时间，一般以年为计算单位。项目投资回收期一般从项目建设期开始算起，若从项目投产开始年计算，应予以特别注明。项目投资回收期可以采用以下公式表达。

$$\sum_{t=1}^{P_t}(CI-CO)_t=0$$

项目投资现金流量表中累计净现金流量由负值变为零的时点，即为项目的投资回收期。投资回收期应按以下公式计算。

$$P_t=T-1+\frac{|\sum_{i=1}^{T-1}(CI-CO)_i|}{(CI-CO)_T}$$

式中，T 为各年累计净现金流量首次为正值或零的年数。

投资回收期短，表明项目投资回收快，抗风险能力强；反之，投资回收期长，表明项目投资回收慢，抗风险能力弱。我们一般计算出所得税前和所得税后的投资回收期作对比衡量，以考察所得税对投资回收期的影响。

4.总投资收益率

总投资收益率（ROI）不是通过项目投资现金流量表计算的。总投资收益率表示总投资的盈利水平，是指项目达到设计产能后正常年份的年息税前利润或运营期内年平均息税前利润（EBIT）与项目总投资（TI）的比率。总投资收益率应按以下公式计算：

$$ROI=\frac{EBIT}{TI}\times100\%$$

总投资收益率高于同行业的收益率参考值，表明总投资收益率所表示的盈利能力满足要求。项目总投资收益率分析如表2-18所示。

表2-18 项目总投资收益率分析

平均税后利润	
平均息税前利润	
总投资金额	
总投资收益率（税后）	
总投资收益率（税前）	

（二）不确定性分析

项目经济评价所采用的基本变量都是对未来的预测和假设，因而具有不确定性。通过对拟建项目具有较大影响的不确定性因素进行分析，计算基本变量的增减变化引起项目财务或经济效益指标的变化，找出最敏感的因素及其临界点，预测项目可能承担的风险，使项目的投资决策建立在较为稳妥的基础上。对于不确定性分析的考核指标，我们一般通过盈亏平衡分析和敏感性分析来表达。

1.盈亏平衡分析

盈亏平衡分析是指项目达到设计生产能力的条件下，通过盈亏平衡点（BEP）分析项目成本与收益的平衡关系。盈亏平衡点是项目的盈利与亏损的转折点，即在这一点上，销售（生产、服务）收入等于总成本费用，正好盈亏平衡，用以考察项目对产品变化的适应能力和抗风险能力。盈亏平衡点越低，表明项目适应产出品变化的能力越强，抗风险能力越强。反之，盈亏平衡点越高，则表明项目适应产出品变化的能力越弱，抗风险能力越弱。

盈亏平衡点通过正常年份的产量或者销量、可变成本、固定成本、产品价格和税金及附加等数据计算。可变成本主要包括原材料、燃料、动力消耗、包装费用和计件工资等。固定成本主要包括工资（计件工资除外）、折旧费、无形资产及其他资产摊销费、修理费和其他费用等。为简化计算，财务费用一般也作为固定成本。

盈亏平衡分析分为线性盈亏平衡分析和非线性盈亏平衡分析，项目评价中仅进行线性盈亏平衡分析。线性盈亏平衡分析有以下四个假定条件：① 产量等于销量，即当年生产的产品（或服务）当年销售出去；② 产量变化，单位可变成本不变，从而总成本费用是产量的线性函数；③ 产量变化，产品售价不变，从而销售收入是销量的线性函数；④ 按单一产品计算，当生产多种产品，应换算为单一产品，不同产品的生产达产率的变化应保持一致。项目盈亏平衡分析表如表2-19所示。

盈亏平衡点的计算形式有多种，项目评价中最常用的是以产量和生产能力利用率表示的盈亏平衡点。在实际工作中，我们经常使用生产能力利用率来计算盈亏平衡点，更直观地体现产出品数量变化的适应能力和抗风险能力。盈亏平衡点采用如下公式计算。

$$\bullet BEP_{生产能力利用率} = \frac{年固定成本}{年营业收入 - 年可变成本 - 年税金及附加} \times 100\%$$

$$\bullet BEP_{产量} = \frac{年固定成本}{单位产品价格 - 单位可变成本 - 单位产品税金及附加} \times 100\%$$

表2-19　项目盈亏平衡分析

	T1	T2	T3	T4	……	T10
营业收入						
税金及附加						
总成本费用						
变动成本						
固定成本						
付现成本						
盈亏平衡产能利用率						

2.敏感性分析

敏感性分析是投资建设项目评价中应用广泛的一种技术，用以考察项目设计的各种不确定因素对项目基本方案经济评价指标的影响，找出敏感因素，估计项目效益对它们的敏感程度，粗略预测项目可能承担的风险，为进一步的风险分析打下基础。

敏感性分析包括单因素敏感性分析和多因素敏感性分析。单因素敏感性分析是指每次只改变一个因素的数值来进行分析，估算单个因素的变化对项目效益产生的影响；多因素敏感性分析则是同时改变两个或两个以上因素进行分析，估算多因素同时发生变化的影响。为了找出关键的敏感性因素，我们在日常工作中，通常进行单因素敏感性分析。

敏感性分析方法及步骤如下。

① 根据项目特点，结合经验判断选择对项目效益影响较大且重要的不确定因素进行分析。经验表明，主要对产出品价格、建设投资、主要投入物价格或可变成本、达产率、建设工期及汇率等不确定因素进行敏感性分析。

② 敏感性分析一般是选择不确定因素变化的百分率为±5%、±10%、±15%、±20%等。对于不便用百分率表示的因素，如建设工期，可采用延长一段时间表示，如延长一年。

③ 建设项目经济评价有一整套指标体系，敏感性分析可选定其中一个或几个主要指标进行分析，最基本的分析指标是财务内部收益率。根据项目的实际情况也可选择净现值或投资回收期评价指标，必要时可同时针对两个或两个以上的指标进行敏感性分析。

④ 敏感度系数指项目评价指标变化的百分率与不确定因素变化的百分率之比。敏感度系数高，表示项目效益对该不确定因素敏感程度高。计算公式如下。

$$S_{AF} = \frac{\Delta A / A}{\Delta F / F}$$

式中，S_{AF} 为评价指标 A 对于不确定因素 F 的敏感系数；$\Delta F/F$ 为不确定因素 F 的变化率；$\Delta A/A$ 为不确定因素 F 发生 ΔA 变化率时，评价指标 A 的相应变化率。

$S_{AF} > 0$，表示评价指标与不确定因素同方向变化；$S_{AF} < 0$，表示评价指标与不确定因素反方向变化；$|S_{AF}|$较大者敏感度系数高。

⑤ 临界点（Switch Value），又称转换值，是指不确定因素的变化使项目由可行变为不可行的临界数值，可采用不确定因素相对基本方案的变化率或其对应的具体数值表示。当该不确定因素为费用科目时，即为其增加的百分率；当其为效益科目时则为降低的百分率。临界点也可用该百分率对应的具体数值表示。当不确定因素的变化超过了临界点所表示的不确定因素的极限变化时，项目将由可行变为不可行。

临界点的高低与计算临界点的指标的初始值有关。若选取基准收益率为计算临界点的指标，对于同一个项目，随着设定基准收益率的提高，临界点就会变低（临界点表示的不确定因素的极限变化变小）。而在一定的基准收益率下，临界点越低，说明该因素对项目评价指标影响越大，项目对该因素就越敏感。

从根本上说，临界点计算是使用试插法。当然，其也可以用计算机软件的含税或图解法求得。由于项目评价指标的变化与不确定因素变化之间不是直线关系，当通过敏感性分析图求得临界点的近似值时，有时有一定的误差。

⑥ 敏感性分析结果在项目决策分析中的应用。将敏感性分析的结果进行汇总，编制敏感性分析表，如表2-20所示。

表2-20 敏感性分析表

变化因素＼变化率	−30%	−20%	−10%	0	10%	20%	30%
基准折现率							
建设投资							
销售价格							
原材料成本							
汇率							
……							

编制敏感度系数和临界点分析表，如表2-21所示。

表2-21 敏感度系数和临界点分析表

不确定因素	变化率	内部收益率	敏感度系数	临界点	临界值
基本方案					
产品产量					
产品价格					
原材料价格					
建设投资					
……					

也可编制敏感性分析图，如图2-10所示。

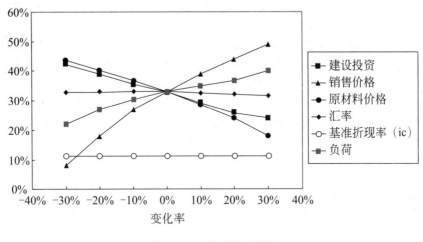

图2-10 敏感性分析图

不管是分析表还是分析图，都要对分析结果进行文字说明，将不确定因素变化后计算的经济评价指标与基本方案评价指标进行对比分析，结合敏感度系数及临界点的计算结果，按不确定性因素的敏感程度进行排序，找出最敏感的因素，分析敏感因素可能造成的风险，并提出应对建议。当不确定因素的敏感度很高时，应进一步通过风险分析，判断其发生的可能性及对项目的影响程度。

从筹划到落地——固定资产投资类项目

募投项目
实战手册

在实际案例中，募投项目从筹划到落地是一个漫长的过程，需要咨询机构与客户及券商，反复研讨筛选出合适的募投项目。对于发展到准备上市，或者已经是上市公司的企业来说，企业已经发展到了比较成熟的阶段，领导层对公司未来战略目标比较清晰，对未来三五年要实施的战略规划也有明确的战略部署，但往往想做的事情太多，想投资的项目也是多元化的，什么样的投资项目才适合作为募投项目，往往需要中介机构进行梳理，挑选出受资本市场和审核机构青睐的募投项目。

可以作为募投项目的投资项目都具有以下特点。

- 募投项目是公司的主营业务。

- 募投项目符合公司的未来发展战略。

- 募投项目代表本行业发展趋势。

- 募投项目是公司自主创新能力的体现。

- 募投项目能显著增强公司的盈利能力。

- 募投项目可弥补公司目前的短板。

- 募投项目可为公司降费增效。

在多年的咨询生涯中，我们总结提炼出募投项目的6个主要方向：生产基建类募投项目（如新建生产基地建设项目和扩产建设项目）、技术改造类项目、研发中心类项目、营销网络类项目、信息化类项目、补充流动资金或偿还银行贷款类项目。固定资产投资类项目包括生产基建类、技术改造类和研发中心类项目，这类项目需要向当地发展改革委备案。非固定资产投资类项目包括营销网络类、信息化类和补充流动资金类项目。对于营销网络类、信息化类项目，有些地方发展改革委不接受备案，因为它们不是固定资产类投资项目，而补充流动资金类项目，无须去发展改革委备案。

不管什么类型的募投项目，我们都可以通过"倒金字塔"模型四个步骤来筹划及确定募投项目。首先，要确定公司战略，解决"做什么"的问题；其次，计算出融资规模，就是"多大规模"的问题；再次，回答"为什么"就是必要性的问题；最后，通过市场、技术工艺、经济效益三个主要维度回答"可行性"问题。

下面我们用实际案例来展示固定资产投资类的募投项目从筹划到落地的全过程❶。

第一节
生产基建类募投项目（新建、扩建）

一、智慧安防企业定增项目（2020年项目启动）

该公司是一家主营安防产品的上市公司，作为国内社区安防行业的领导品牌，经过多年的发展，其楼宇对讲产品连续多年市场占有率和销量名列前茅。公司以社区安防技术研发为核心，集楼宇对讲、智能家居、AI无人化停车、道闸广告运营等为一体，充分利用技术关联的优势，融合智

---

❶ 本书使用的实际案例都保留了项目执行期的原始数据，以便还原当时的行业情况，方便读者结合当时的市场情况理解项目从策划到落地的全过程。

慧社区概念并配套系列产品，开发出业界领先的互联互通平台，成为国内配套最齐全的社区综合安防、智能家居、智慧停车系统及广告运营集成供应商。

在此次定增项目中，我们通过与上市公司董秘（全称为董事会秘书）和证代（全称为证券事务代表）面谈，详细地了解公司发展战略及各项业务发展现状，并详细分析了该公司历次在资本市场上融资的募投项目实施情况，将安防行业同类上市公司，如大华股份、大立科技、海康威视等公司历次募投项目作参考，制定了有针对性的项目建议书。

首先，确定公司的发展战略。充分发挥公司的核心技术优势及销售服务网络的优势，紧紧围绕楼宇对讲，大力发展与公司楼宇对讲产品相配套的产品，如停车场系统、监控、线缆及智能家居子系统、液晶显示模组等产品，将公司打造成社区安防及智能家居整体方案解决商、提供商及器材供应商。公司当前的业务主要以楼宇对讲系统为主打产品，占当年（2020年）营业收入的50%左右，但该业务近三年增长乏力，一二线市场已经进入饱和状态，需要下沉市场渠道，扩大服务半径。同时，由于公安机关加强普及人口源头信息采集的治安需要，公司的传统楼宇对讲机必须升级为智慧门禁系统。智慧门禁系统是公安机关十分重要的实有人口源头信息采集社会化应用平台，具有人员身份登记、人脸识别、指纹识别、视频抓拍及录像、监控报警、门禁授权、缴费管理、数据记录及统计分析等功能，满足政府部门对社区人员的有效动态管理、对辖区内流动人员的实时了解和管理。因此，智慧门禁系统升级扩产可以作为本次募投项目方向。另外，在分析公司各项业务发展情况后，我们发现智能家居系统业务近三年增长快速，已经成为公司新的利润增长点。因为智能家居的技术升级换代快，公司需要不断地投入研发和生产来满足技术迭代更新及消费市场日新月异的需求。因此，智能家居系统研发生产可以作为本次募投项目的方向。

其次，根据创业板再融资新规，结合公司当时的股价及增发比例，我们匡算了此次定增发行的融资规模为5.2亿元左右。

项目前期，我们通过"倒金字塔"模型一步步分析研究，解决了募投项目"做什么"和"多大规模"的关键问题。因此，本次定增募投项目的方向确定为"智能家居系统研发生产建设项目""智慧门禁系统服务运营拓展项目"。

由于篇幅有限，我们在这里仅展示其中一个项目——"智能家居系统研发生产建设项目"的执行情况。

二、项目启动与准备工作

（一）项目工作计划

常规募投项目在客户现场的工作时间为1个月，首要工作任务是确定募投项目，我们在项目启动之前已经完成该任务；进场后开始收集企业提供的基础资料和行业资料，并对资料和数据进行深度分析研究；进场后第一周内完成对公司管理层及募投项目相关负责人的访谈，了解公司对募投项目的规划和设想；接着是报告正文内容的撰写，包括经济效益测算的内容，三周内完成报告初稿；报告初稿提交给券商及公司后，会结合客户的修改意见，进一步修改及完善报告并完成定稿。项目工作计划安排如表3-1所示。

表3-1　项目工作计划安排表

序号	工作节点	时间	工作内容
1	确定募投方向	1天	与企业及券商代表确定募投项目
2	收集企业提供的资料和整理行业资料	7天	向企业提交资料清单，并收集整理企业资料，同步进行行业资料收集、数据整理
3	募投项目负责人访谈	2天	企业安排2个募投项目负责人跟我们项目组对接，并接受访谈，微信语音或者电话访谈均可
4	经济效益测算表	3天	按照企业提供的基础数据，完成测算表建模及经济效益测算
5	报告撰写	21天	完成募投报告初稿的撰写工作
6	报告修改	7天	报告初稿提交后，结合券商及企业的修改意见，完善及修改报告并定稿

（二）项目资料清单

我们会根据每个项目的行业特点和项目特点制定不同的项目资料清单，主要包括公司的基本资料、募投项目的资料、经济效益测算表所需的基础数据。为了客户更准确地理解我们的需求，我们一般会制作一系列的资料及数据的模板供客户参考。表3-2是一般生产型项目的常规资料清单内容。

表3-2 生产型项目资料清单表

序号	工作内容	备注说明
1	近三年审计报表及附注	
2	募投项目建设方案简介	
3	各募投项目资金使用计划	
4	购置设备明细（型号、品牌、购买数量、单价）及选型依据	详见Excel表格 ❶
5	场地土建及装修费用明细	详见Excel表格
6	募投项目实施时间进度表	详见Excel表格
7	公司未来3～5年的发展规划 ① 公司发展战略 ② 公司经营目标 ③ 公司业务拓展计划 ④ 公司技术研发计划	
8	各募投项目收入预测	详见Excel表格
9	各募投项目近三年的收入、成本、毛利	详见Excel表格
10	各募投项目的人员配置	
11	未来10年募投项目收入预测	详见Excel表格
12	各项目成本费用明细	详见Excel表格
13	各项目的原材料消耗明细	详见Excel表格
14	各项目的能源消耗明细	详见Excel表格
15	生产工艺流程图及产品功能介绍	
16	社区智慧门禁系统服务运营模式介绍及业务流程图	

---

❶ 全书所有表格中的"详见Excel表格"均无附表，仅作为形式上的展示。

续表

序号	工作内容	备注说明
17	公司各部门人数及岗位职能职责描述	
18	公司内部工作制度及业务管理制度名称	
19	公司近三年研发经费的投入状况	经审计
20	公司的产品质量认证标准及质控制度	
21	公司获得的荣誉、资质证书、参与制定的行业标准、产品专利（发明、外观、实用新型）	
22	公司的环评报告（智能家居产品生产项目所属厂区）	电子版
23	公司的组织架构图及股权结构图	

（三）管理层访谈提纲

我们会根据每个项目的行业特点和项目特点制定有针对性的管理层访谈提纲。可以说，没有一个项目的访谈提纲是一模一样的，它们都是定制化的访谈提纲，但访谈的对象基本是固定的，主要包括董事长或总经理、财务总监、技术总监、人力资源总监、市场总监。主要通过对董事长或总经理的访谈了解公司未来发展战略和各业务发展情况、市场竞争格局、募投项目的规划及设想；通过对财务总监的访谈了解公司经营情况、财务状况；通过对技术总监的访谈了解公司的技术实力、研发情况、自主创新能力等情况；通过对人力资源总监的访谈了解公司的人员结构、人才储备、团队经验等情况；通过对市场总监的访谈了解公司所处行业的发展情况、市场竞争情况、下游客户情况、公司产品核心价值等情况。表3-3是一般项目的常规管理层访谈大纲内容。

表3-3 一般项目的常规管理层访谈大纲内容

企业管理层	沟通及讨论专题
董事长	公司未来的发展战略，应该与募投项目保持一致
	募投项目的背景分析、必要性、可行性
	公司核心竞争优势陈述，尤其是公司的技术自主创新能力分析
	未来3～5年的机会与风险分析
	竞争对手情况
财务总监	公司现有的财务报表（经过审计的）
	财务现状是否支持公司的募投项目实施
	募投项目的成本费用分析
	未来盈利能力评估
	募投项目的不确定性因素是什么；如果出现了不确定性因素，对策是什么
技术总监	公司目前正在研发的方向与产品
	目前的研究团队及研究能力评估
	公司专利技术及相关技术来源
	所采用的技术工艺与现有技术工艺比较优势
	所采用的技术工艺批量化生产的可行性
	公司的技术创新能力分析
	技术的可替代性分析，新的技术变革对公司的盈利有什么影响
	现有的研发能力是否能保持公司未来可持续性盈利
人力资源总监	各募投项目是否需要增加员工，增加多少；是否需要增加有特殊技能的人才
	获取高级人才的途径是什么，获取的难度有多大
	公司的人力资源管理制度

续表

企业管理层	沟通及讨论专题
市场总监	公司目前不同的业务发展现状
	公司目前的市场规模
	不同募投项目的市场前景，判断的依据是什么
	公司目前不同业务的竞争对手及竞争对手的优劣势分析
	上市以后的市场营销及竞争策略
	下游用户的区分和不同用户的需求
	产品及服务未来价格变动趋势
	获取业务、订单的核心竞争优势是什么
	公司的战略伙伴及其作用
	公司客户的忠诚度，公司重点客户是否有流失
	政策的变化对行业的影响，政策可能变化的趋势

通过管理层访谈后，我们一般对接的是募投项目的负责人，除了对他们做详细的访谈，还需要跟他们对接提供募投项目的所有资料和数据，以及反复论证基础数据的逻辑性和数据来源。表3-4是针对募投项目负责人的访谈大纲内容。

表3-4　项目负责人访谈大纲内容

序号	沟通及讨论专题
1	公司近三年的产量、产能、销量情况，产能利用率和产销比率的情况
2	公司目前的产品结构，未来的调整方向在哪里
3	产品的下游应用领域有哪些，哪个方向最具有发展机遇
4	募投项目的产品介绍、性能、应用

序号	沟通及讨论专题
5	公司的核心技术和专利情况
6	公司的研发储备和研发方向
7	产品技术的可替代性，同行的技术先进性对比
8	市场竞争格局如何，行业的竞争对手有哪些
9	行业的市场规模，未来增长动力有哪些
10	公司的核心优势和短板有哪些
11	公司未来三年的业绩增长目标，以及具体战略规划
12	对本募投项目的初步规划及设想
13	公司有哪些资源和能力支撑本募投项目的实施

三、生产基建类项目可行性分析

（一）项目的必要性

1.智能家居产品收入快速增长，产能亟待提升

随着智能家居行业的快速发展，以及市场需求的日益提升，近年来公司智能家居产品的业务规模增长较快，2016—2019年智能家居产品收入规模分别为××××万元、××××万元、××××万元及××××万元，年均增速约为71.92%。与此同时，近三年公司的智能家居产品的产能利用率、产销率均达到甚至超过100%。在目前产能利用率已经饱和的情况下，公司智能家居系统的生产已无法满足日益增长的市场需求，产能已成为限制公司智能家居业务发展的瓶颈之一。因此，公司迫切需要增加智能家居生产相关投资，建设更具先进性、更节能环保、自动化程度高、质量和安全标准更高的智能家居系统生产基地，进一步扩充产能，更好地满足市场需求。

2.促进技术升级和工艺改进，增强公司的技术实力

网络传输技术、电子信息技术、自动控制技术是智能家居的技术基础。近年来，相关技术发展迅速。此外，互联网、移动互联网处于蓬勃发展时期，互联网基础设施飞速建设的同时，也促进了互联网服务及应用的创新发展。随着5G技术的普及，其超高速传输极大地方便了信息的检测和管理，使智能家居各部件之间的"感知"更精准和更迅速，智慧化程度大大提高。物联网技术、集成电路和芯片技术，也处在发展较快的时期。

上述基础技术的更新迭代，一方面能够使智能家居产品性能更强、应用场景更广泛，另一方面倒逼智能家居生产企业紧跟技术发展趋势，同步完成智能家居产品的更新迭代。与此同时，我国智能家居行业处于快速发展期，智能家居生产企业通过产品技术升级换代及工艺改进将有助于提升产品竞争力及市场占有率。

因此，行业基础技术的更新迭代倒逼压力，以及市场快速发展带来的产品升级换代动力，促使公司在技术研发、产品开发上加大投入，进一步增强技术实力，这样才能保持竞争优势、持续扩大市场份额。本项目建成后，将有效提升公司产品的开发能力和技术水平，促进公司智能家居系统的升级换代和技术提升，巩固公司的综合竞争实力，在未来的竞争中占得

先机。

3.提高公司订单的响应速度，满足客户缩短工期的需求

公司智能家居产品的直接客户群体主要是房地产开发商。房地产开发普遍存在资金成本高、开发周期长的特点，房地产开发商迫切希望通过缩短施工周期、使商品房更快达到可预售或可销售状态，加速资金回笼，减少资金垫压。

本项目的建设，可以为公司智能家居产品带来更充足的产能，生产能力的提升可以缩短公司每批次产品的生产周期，从而使公司拥有更快速的订单响应速度，为客户有效地缩短施工周期。此外，充足的产能所形成的规模效应和品牌效应，使房地产开发商即便在规模较大的项目上，也愿意选择公司作为智能家居方案及智能家居设备的提供商，为公司赢得更好的市场口碑，使公司可以和客户建立更全面、更持久的合作关系，促进公司智能家居业务的可持续发展。

（二）项目的可行性

1.市场可行

（1）全球智能家居行业规模增长快速

Strategy Analytics 2020年发布的研究报告《2019年全球智能家居市场》预测：2019年，消费者在智能家居相关硬件、服务和安装费用上的支出将达到1 030亿美元，并将以11%的复合年均增长率增长到2023年的1 570亿美元。报告预测，2019年设备销量将超过8.8亿台；设备支出550亿美元，

占总支出的54%，并将以10%的复合年均增长率增长到2023年的810亿美元。交互安全是美国市场驱动，由ADT、Comcast和Vivint领导。在西欧，Centrica Connected Homes、德国电信和Verisure通过远程自我监控、能源管理和交互安全产品推向市场。在亚洲，韩国电信和LGU+在韩国积累了数百万智能家居用户；松下和ITSCOM在日本最活跃。从2018年到2023年，智能家居设备的销量每年将以超过20%的速度增长。在预测期内，电气设备类别的销量领先，其次是智能灯泡。电气设备也将在预测期内产生最大的收益，其次是监控摄像机。

（2）我国智能家居行业起步较晚，但发展潜力巨大

我国的智能家居行业起步较晚，出现在国内才十多年时间，发展历程较短，智能家居的普及率不高。目前，智能家居厂商大多集中在一二线城市。中国的智能化住宅和智能化小区建设，始于广州、深圳、北京和上海等经济发达地区，目前三四线城市的下沉度仍然不够。我国的智能家居厂商还没有形成大规模化的生产，产品的市场渗透率不高，与发达国家的差距显著。根据Statista统计的数据，2018年中国智能家居家庭渗透率仅为4.9%，而美国的渗透率则达到32%，在中国还有亿万家庭未开始使用智能家居产品。未来十年中国人口仍保持基本稳定的状态下，预计未来随着中国家庭总户数，尤其是城镇家庭户数的进一步增长，以及智能家居普及率的逐渐提升，智能家居产业市场发展潜力将得以兑现。根据Statista统计的数据，2020年中国智能家居市场规模可达到95.1亿美元，同比增长55.90%。

2.技术可行

（1）产品性能优越、技术先进

公司及本项目生产智能家居产品及其组成系统，以网关为核心，通过ZigBee3.0无线组网技术，将各类传感器及控制器实现有机智能化联动，通过APP、智能终端实现控制和管理，通过家居云平台实现数据接入、调配及分发，实现"以人为本"的智慧物联家居生活体验。

在硬件方面，公司及本项目生产的产品可分为基于Zigbee3.0网关技术、基于Zigbee3.0前端设备技术、基于Zigbee3.0智能终端技术三类。目前Zigbee技术发展到3.0版本，已实现跨行业、跨设备制造商之间的设备互联互通；不同厂商生产制造的环境传感器（包括但不限于温湿度传感器、PM2.5传感器、VOC传感器）、消防探测器（包括但不限于燃气探测器、火灾烟雾探测器、CO探测器、水浸探测器）、防区入侵告警探测器（门窗磁、人体红外探测器、声光告警器）均能与家庭里的控制器（包括但不限于灯光控制、窗帘控制、红外家电控制）互联互通，实现智能联动，家庭操作终端包括但不限于智能室内终端、魔镜、超级面板。

在软件方面，公司及本项目生产的产品可通过APP（手机、平板电脑），实现账号、设备、情景、智能化及远程的一站式管理与操作，即便在脱离互联网的情况下（与云平台服务器断开链接）亦能实现本地局域网的正常操作。

在平台方面，公司及本项目打造的云端智能家居管理服务平台，是智能家居系统最核心的应用搭建平台与实现平台。平台按云计算三层体系架构构建，即基础设施即服务层（IaaS）、平台即服务层（PaaS）和软件即服务层（SaaS）三个层次深入项目的管理服务平台，采用三层系统架构，即数据层、服务层和应用层与云计算架构类比。数据层主要负责在云计算基础设施上存储和管理数据资源，在云计算大数据需求下数据层主要由分布式文件系统、分布式空间数据库和资源适配器构成；服务层主要负责将用户信息服务组件按照 Web service 标准进行封装，并能通过工作流引擎进行业务流程建模；应用层负责对外提供服务，用户可以登录一站式的云服务平台门户，直接使用系统提供的服务，也可以通过资源目录和交换体系进行数据注册、发布、交换和服务调用。

云端智能家居管理服务平台对上层业务系统研发提供了支持，使得业务系统的研发与平台内部硬件结构及服务组件研发独立，更专注智能家居行业领域的业务研发。SaaS 支持任意的扩展应用，提供了 Web 页面访问和移动终端客户端访问多种访问方式，降低了软件和平台建设及运维投入，提高了管理的便利性，多终端共享数据交互，统一对智能设备进行远程操控管理。

（2）高品质标准

本项目的产品功能标准将遵循国际标准化通信组织 ITU、3GPP、3GPP2 中所规定的网络标准协议规范。

本项目的产品开发标准将以公司引入的业界先进的 IPD 集成开发管理体系中的产品开发规范为标准，并且结合通信行业技术特征及客户需求，不断提升产品标准。

（3）自主创新能力强劲

公司的核心技术全部来源于自主研发，创新成果斐然。公司自成立以来，就一直注重技术研发的投入，2018年公司在技术开发方面的资金总投入费用为××××万元，占主营业务收入的9.43%，已成为业内具有较强研发能力的社区安防领域先进企业之一。公司目前拥有技术专家、高级工程师和高级技术顾问多名，均具有丰富的产品研发经验，能积极有效地进行高质量产品和先进生产工艺的开发，促进公司的产品性能不断满足市场的需求。截至2019年12月31日，公司研发中心和技术部的技术人员×××人，占总人数的46%。同时，公司还积极与各科研单位及企业合作，持续不断地提高公司的研发实力。

基于多年的自主研发经验，公司掌握了多项核心技术，并形成了专利技术和软件著作权。截至2020年4月，公司累计拥有专利权223项，其中××项为发明专利、××项为实用新型专利、××项为外观专利，累计拥有软件著作权××项。

公司注重技术的积累和提升，近年来针对行业技术热点和市场需求进行的研发，再加上公司持续的研发投入，使公司的技术研发管理能力完全可以胜任本项目的建设和运营。

3.经济效益可行

本项目经济效益良好。项目总投资3.97亿元，计算期10年内年均营业收入达到8.16亿元，年均净利润达到6 277万元，年均净利率为8.25%，税后内部收益率为23.40%，税后净现值为2.7亿元，税后投资回收期为5.64年（含建设期）。可见，本项目建设可按期获利，投资回收期短，本项目建设完成后，经济效益显著。项目主要经济指标如表3-5所示。

表3-5 项目主要经济指标汇总

项目	经济指标
项目总投资/万元	39 679.46
固定资产投资/万元	32 821.63
铺底流动资金/万元	4 067.83
年均销售收入/万元	81 600.00
年均所得税/万元	1 107.70
年均净利润/万元	6 276.95
年均净利率	8.25%
税前内部收益率	25.74%
税后内部收益率	23.40%
项目建设期（年）	2
税前净现值（Ic=12%）/万元	32 503.16
税后净现值（Ic=12%）/万元	27 106.37
税前投资回收期/年	5.18
税后投资回收期/年	5.64

四、落地情况：成功发行，项目延缓

该定增项目成功发行，企业融资规模达5.2亿元。截至2022年12月31

日，根据公司公告"2022年募集资金年度存放与使用情况的专项报告"公布的内容，近两年来，受外部经济、环境等客观因素的影响，房地产行业下滑趋势进一步加剧，项目需求减少、延迟。为稳健经营、防控风险，公司适度调整资源投入，从而整体延缓了项目实施的总体进度。其中，"智能家居系统研发生产建设项目"已经投入449万元，但不及预期投资进度，相信疫情结束、房地产景气度回升后，项目会按预期进度投资完毕。

第二节
技术改造类募投项目

一、新材料企业IPO项目（2018年项目启动）

该公司主要从事聚苯乙烯高分子新材料的研发、生产和销售，自2014年正式投产以来，已经逐步发展为国内生产、销售聚苯乙烯规模较大、技术水平较为领先的国家高新技术企业，在聚苯乙烯行业具有重大的市场影响力，并被工业和信息化部认定为第四批国家级专精特新"小巨人"企业。公司GPPS（通用级聚苯乙烯）产品按类型可以划分为普通料和专用料，而GPPS专用料按照具体用途，又可以进一步细分为导光板系列、扩散板系列、冰箱专用料系列，可用于生产背光模组所需的扩散板、照明模组所需的导光板与扩散板，以及低温环境下的冰箱透明内件，在液晶显示、LED

照明及冰箱内件等中高端领域具有广泛的应用前景。公司GPPS产品具有应用针对性强、系列化程度高、质量相对稳定、综合性能突出等特点，在导光板、扩散板等对高透光、抗黄变、耐紫外照射有特殊要求的专用料市场具有较高的知名度。公司HIPS（高抗冲聚苯乙烯）产品以普通系列为主，并逐步向高光泽系列和耐低温系列过渡，在电子电器外壳、冰箱内胆及门衬等高端领域，以及部分对树脂基材有抗冲要求的领域均有广泛应用，在主要技术指标上亦能达到行业相对领先水平，产品质量具有较高的稳定性，投产后取得了良好的市场反响，具有良好的发展前景和更高的产品利润。

在此次IPO项目中，我们通过与上市公司董事长、总经理和董秘面谈，详细地了解公司发展战略及各项业务发展现状，并结合化工行业同类上市公司，如天原股份、星辉环材、华锦股份等公司的历次募投项目，制定了有针对性的项目建议书。

首先，确定公司的发展战略。公司致力于聚苯乙烯的研究、生产和销售，未来提高中高端聚苯乙烯的产能，形成新的利润增长点，提高毛利率，通过完善的国内直销和经销网络，全面提升公司的品牌影响力。未来公司仍将立足于主业，加大市场推广力度，巩固和提升现有产品的市场地位。未来公司计划进行产品横向拓展战略，二期和三期项目将会新增HIPS的产品，同时GPPS中高端产品牌号将会增加，未来GPPS和HIPS都将增加数十种牌号，涵盖高中低产品，并以中高端牌号为主。下游客户横向拓展战略，下游行业深挖现有行业应用，在现有行业应用中挖掘更多需求，争取从单一需求向多需求发展；横向拓展行业跨度，从电子电器行业、包装容器行业、日用品行业、汽车行业拓展到建材行业、铁路交通行业等细分行业。

公司当时以GPPS产品为主，2018年的产能为××万吨/年，产能利用率已经达到100%，生产装备达到满负荷状态，急需扩充产能来满足市场订单的需求。另外，公司的技术水平和研发实力不断增强，公司不再以GPPS普通料为主，而是逐渐转移生产更高端的GPPS专用料。同时，公司研发成功了HIPS新产品，急需将HIPS研发成果产业化，并培育成为公司新的盈利增长点。因此，GPPS产品扩产和HIPS产业化项目非常适合作为本次募投项目的方向。同时，我们注意到旧的生产装置已经使用十几年，逐渐老化，生产效率越来越低，停工检修的时间越来越长，已经影响到正常的生产经营。因此，老旧生产装置的更新改造项目可以作为本次募投项目的方向。此外，公司为了推出越来越多的新产品，吸引了行业技术专家加盟，研发课题越来越多，研发投入力度也越来越大，研发中心将是公司未来资金投入的另一个重点，因此研发中心项目可以作为本次募投项目的方向。

其次，IPO融资规模的匡算。结合公司当年（2020年，项目调整）的净利润情况、近一个月行业市盈率23倍左右以及发行比例25%，我们匡算了此次IPO发行的融资规模为7.4亿元左右。由于该公司在会时间长且经历过撤材料，后又重新申报，时间跨度长，为了不影响公司的发展战略，公司通过银行贷款和自有资金先行投入部分项目，有些项目已经投资完毕投入使用，上会时候募集资金额扣除了部分先行投入的资金，实际募资金额为6.29亿元。

项目前期，我们通过"倒金字塔"模型一步步分析研究，解决了募投项目"做什么"和"多大规模"的关键问题。因此，此次IPO募投项目的方向确定为"年产18万吨聚苯乙烯新材料扩建项目""新材料三期建设项目""聚苯乙烯1号和2号生产线设备更新项目"和"研发中心建设项目"。

由于篇幅有限，我们在这里仅展示其中一个项目——"聚苯乙烯1号和2号生产线设备更新项目"的执行情况。

二、项目启动与准备工作

（一）项目工作计划

常规募投项目在客户现场的工作时间为1个月，首要工作任务是确定募投项目，我们在项目启动之前已经完成该任务；进场后开始收集企业提供的基础资料和行业资料，并对资料和数据进行深度分析研究；进场后第一周内完成对公司管理层及募投项目相关负责人的访谈，了解公司对募投项目的规划和设想；接着是报告正文内容的撰写，包括经济效益测算的内容，三周内完成报告初稿；报告初稿提交给券商及公司后，会结合客户的修改意见，进一步修改及完善报告并完成定稿。项目工作计划安排如表3-1所示。

（二）项目资料清单

我们会根据每个项目的行业特点和项目特点制定不同的项目资料清单，

主要包括公司的基本资料、募投项目的资料、经济效益测算表所需的基础数据。为了客户更准确地理解我们的需求，我们一般会制作一系列的资料及数据的模板供客户参考。表3-6是一般技改类型项目的常规资料清单内容。

表3-6 技改类型项目资料清单表

序号	工作内容	备注说明
1	近三年审计报表及附注	
2	募投项目建设方案简介	
3	各募投项目资金使用计划	
4	购置设备明细（型号、品牌、购买数量、单价）及选型依据	详见Excel表格
5	场地土建及装修费用明细	详见Excel表格
6	募投项目实施时间进度表	详见Excel表格
7	公司未来3～5年的发展规划 ① 公司发展战略 ② 公司经营目标 ③ 公司业务拓展计划 ④ 公司技术研发计划	
8	募投项目收入预测（技改后新增部分）	详见Excel表格
9	募投项目的人员配置（技改后新增部分）	
10	项目成本费用明细（技改后新增部分）	详见Excel表格
11	项目的原材料消耗明细（技改后新增部分）	详见Excel表格
12	项目的能源消耗明细（技改后新增部分）	详见Excel表格
13	生产工艺流程图及产品功能介绍	

续表

序号	工作内容	备注说明
14	公司各部门人数及岗位职能职责描述	
15	公司内部工作制度及业务管理制度名称	
16	公司的产品质量认证标准及质控制度	
17	公司获得的荣誉、资质证书、参与制定的行业标准、产品专利（发明、外观、实用新型）	
18	公司的环评报告	电子版
19	公司的组织架构图及股权结构图	

（三）管理层访谈提纲

我们会根据每个项目的行业特点和项目特点制定有针对性的管理层访谈提纲。可以说，没有一个项目的访谈提纲是一模一样的，它们都是定制化的访谈提纲，但访谈的对象基本是固定的，主要包括董事长或总经理、财务总监、技术总监、人力资源总监、市场总监。主要通过对董事长或总经理的访谈了解公司未来发展战略和各业务发展情况、市场竞争格局、募投项目的规划及设想；通过对财务总监的访谈了解公司经营情况、财务状况；通过对技术总监的访谈了解公司的技术实力、研发情况、自主创新能力等情况；通过对人力资源总监的访谈了解公司人员结构、人才储备、团队经验等情况；通过对市场总监的访谈了解公司所处行业的发展情况、市场竞争情况、下游客户情况、公司产品核心价值等情况。一般项目的常规管理层访谈大纲内容如表3-3所示。

通过管理层访谈后，我们一般对接的是募投项目的负责人，除了对他们做详细的访谈，还需要跟他们对接提供募投项目的所有资料和数据，以及反复论证基础数据的逻辑性和数据来源。表3-7是针对募投项目负责人的访谈大纲内容。

表3-7 项目负责人访谈大纲内容

序号	沟通及讨论专题
1	公司生产装备的使用情况、折旧情况
2	生产装备更新后，产品品种会变化吗
3	目前产品的良率是多少，生产装备更新后，会提高多少
4	生产装备更新后，生产效率能提高多少
5	生产装备更新后，生产成本能节约多少，人力成本能节约多少
6	生产装备更新后，生产工艺流程会发生变化吗
7	新设备采用进口设备还是国产，与旧设备相比，先进性体现在哪里
8	此次更新的是部分生产装置，与留存部分的衔接会有哪些风险
9	生产装备更新后，从调试安装到试车成功运营，需要耗用多长时间，项目实施周期需要多久
10	本项目实施对公司的业绩贡献多少价值

三、技术改造类项目可行性分析

（一）项目的必要性

1.提升产品质量，增强核心竞争力

公司生产装置虽然已达到国内先进水平，但要满足国际市场高端产品

的要求，与国际巨头的先进生产装置相比仍有差距。本次"聚苯乙烯1号和2号生产线设备更新项目"改造后，新的生产线将在生产装置配备、核心零件、生产流程、质量控制方面更加先进和现代化、自动化及标准化。在生产环节引入自动化控制和智能检测技术等先进技术装备和加工方法、在线智能检测、自动化生产，降低了产品生产对工人经验和技术的依赖，稳定了产品的质量。

生产装置的升级和核心零件的更新将大大提高产品的质量和纯度，进而提升产品的竞争力；自动化和标准化的生产流程将大大提高产品的生产效率及产品质量的稳定性，进而提升产品的整体质量。

本项目实施后，将提升公司在本行业的产品质量、成本优势，获得持续发展的动力，增强公司的核心竞争力，巩固公司在本行业的领先地位，更好地满足下游客户对高端产品的需求，促进聚苯乙烯行业的技术进步和发展。

2.扩大产品生产能力，提高市场占有率

公司成立以来，经营规模持续增长，现有生产线几乎满负荷运转，产量提高空间很小。所有产品接近零库存（产销比超过100%的为上年度年底生产的产品留到了下一年度销售）。同时，公司的产品发展方向逐渐向中高端倾斜。高端产品RG-×××、RG-×××、RG-×××的总产量逐步提高，占总产量比例也逐年提高，但仍不能满足市场的需求。由于产能瓶颈的限制，公司目前只能选择性接受订单，严重阻碍了公司与下游客户的合作关系，制约了公司的发展壮大。因此，公司迫切需要增加投资，对原有

GPPS生产线进行技术改造和升级。生产线将更具先进性、更节能环保，具备更高质量标准和安全标准。

本项目实施后，公司高端产品的生产能力将大幅度提升，可生产更多的GPPS高端产品牌号，解决市场需求快速扩张带来的产能瓶颈问题，进一步发挥生产管理和规模经济优势，增强公司的盈利能力和综合竞争实力。

3.升级生产设备和工艺技术，促进行业进步

本项目将对生产线的脱挥系统、切粒机、搅拌系统、冷凝系统、燃烧器、导热油管及自动包装系统等进行技术改造及装置升级。通过脱挥预热器改造，采用高效换热器可以缩短聚合物在高温区的停留时间，避免聚合物过热、老化，有效保证产品质量，同时组合高效脱挥器，可以加大脱挥能力，降低产品残单含量；通过切粒机改造，避免普通切粒机因存在粘辊、粘刀等缺陷，影响产品质量及生产装置长周期稳定运行，高性能切粒机能提升产品质量和运行稳定性；通过生产线冷凝器技术改造，可以提高冷凝效果，减少物料蒸汽排放，有利于环保；通过导热油炉燃烧器改造，提高加热炉热效率，降低氮氧化物的排放，有利于减少环境污染；通过对热油系统保温管道进行更换，减少泄漏隐患及能量损耗；通过包装系统智能化技术改造，采用自动包装线打包、码垛，有利于保证产品不受污染，同时有效保证生产安全。

本项目实施后，其将带动聚苯乙烯行业的技术进步，巩固公司在聚苯乙烯尤其是高端聚苯乙烯行业的技术领先地位，促进本行业技术进步和产

业发展。

4.满足公司产品结构向高端产品转型的战略需要

目前，国内聚苯乙烯行业主要以低端产品为主，高端产品主要依赖进口。低端产品市场竞争激烈，技术含量低、设备要求低、产量大、利润微薄，主要应用在包装、航空一次性水杯、一次性饭盒、文具、玩具、保温板、冰箱内隔板和抽屉等下游领域。高端产品竞争较小，技术含量高、产量相对较小、利润空间大。技术含量高的高端产品主要应用在光学材料（高透光扩散板、液晶显示屏的导光板等）、冰箱内胆等下游领域。高端产品的生产要求企业具备上游原材料的高品质、生产工艺的先进性，产品性能达到高标准等综合能力。

近年来，公司的产品结构也逐渐调整到高端路线，高端产品占比从2016年的××%上升到2018年的××%。公司在照明光学材料扩散板和显示屏扩散板的应用市场上占有一定的市场份额。本项目实施后，其将满足公司产品结构向高端产品转型的战略需要，为实现国内高端产品替代进口产品贡献力量。

（二）项目的可行性

1.市场可行

（1）塑料是社会工业化的产物

塑料作为21世纪的新材料，在新材料中占有重要的地位，特别是国家大力发展新材料、生物技术、新能源、新一代信息技术、新能源汽车、节能减排、装备七大新兴战略性产业，对塑料加工业提出了新的更高要求，为塑料加工业的发展带来了难得的发展机遇。

从全球范围来看，《塑料产品制造全球市场2017》的研究显示，全球塑料制品市场的年增长率约为3%。2016年，它的价值为1.06万亿美元，到2020年将增长到1.175万亿美元。占比最大的是塑料包装材料和未叠层薄膜和薄板制造，占总量的20%左右。美国和中国同是塑料产品制造商的主要市场，而中国在未来很可能处于领先地位，因为中国市场的年增长率为3%，而美国是1.6%。与中国和美国相比，印度和巴西的市场规模虽小，但它们却是以每年8%以上的速度增长，是增速最快的大型经济体。

从中国塑料行业来看，中国塑料加工工业协会的统计数据显示，2017年全国塑料制品行业汇总企业累计完成产量7 515.54万吨，同比增长3.44%，增速高于上年同期0.78个百分点。2017年，我国塑料制品外贸回稳向好，推动我国塑料制品行业进出口持续增长。实现出口额627.29亿美元，同比增长8.62%；进口额185.76亿美元，同比增长7.22%；进出口总值813.05亿美元，贸易顺差441.53亿美元。目前，中国已步入世界塑料大国行业，成为塑料生产大国、消费大国、进出口大国。

塑料用量相当程度上标志着一个国家的工业化水平。对于一个成熟的工业化国家来说，"以塑代钢""以塑代木"正在成为全社会生产和消费的一种趋势。聚苯乙烯作为下游塑料制品的上游直接原料，是我国塑料工业体系中的一个重要组成部分，它的技术进步和发展有力地推进了塑料产业的发展。

（2）聚苯乙烯产能稳定

在市场产能方面，近几年受国家供给侧结构性改革和逐渐严厉的环保政策影响，国内聚苯乙烯新增产能开始受限，技术落后企业停产、限产情况增加，同时聚苯乙烯行业技术、资金等壁垒逐渐提高。近年来，我国聚苯乙烯产能呈现稳定的态势，行业总产能2016年和2017年均为334万吨、2019年轻微上升到339万吨。

目前，国内聚苯乙烯产能排名位于前列的主要是外资企业和国有控股企业，这部分企业进入行业较早，建立了一定的品牌优势和技术优势。2010年以来，部分民营企业陆续进入聚苯乙烯行业。这部分民营企业经过多年的技术积累和市场推广，通过逐步开发高附加值的产品，在市场中形成了主要以高附加值、高技术含量的产品参与竞争的格局，并在部分区域内获得了较高的品牌知名度。

总的来看，外商投资企业在研发能力和生产能力上具有一定的先发优势，但包括本公司在内的部分国内企业已逐步掌握了聚苯乙烯的生产研发技术并具有自主知识产权，逐步缩小了与外商投资企业在技术研发、产品档次等方面的差距，占据了一定的市场份额，并开始在高附加值产品市场与外商投资企业展开竞争。

（3）国产聚苯乙烯逐渐形成进口替代趋势

近年来，在国产聚苯乙烯（GPPS/HIPS）产量稳定增长的态势下，其进口量逐年下滑，从2012年的91.91万吨/年下降到2017年的71.01万吨/年，年均复合增长率为–5%，国产产品正在逐渐替代进口产品。进口依存度从

2012年的33.28%下降到2017年的23.07%。同时，聚苯乙烯（GPPS/HIPS）的出口量保持稳定增长态势，从2012年的3.68万吨/年增长到2017年的5.53万吨/年，年均复合增长率为8.5%。这表明近年来国产聚苯乙烯的产品质量和性能已经得到提升，一部分优势企业已经实现进口替代，其产品质量和性能可以与国际厂商媲美，并把优势产品出口到国际市场，赢得国际声誉，从而扩大其市场份额。

（4）聚苯乙烯下游应用范围日益广泛

在市场需求方面，经过长期发展，我国聚苯乙烯工业生产技术水平得到显著提升，产品种类不断丰富，产品质量和档次持续提升，下游应用领域快速拓展，高性能聚苯乙烯产品的应用范围不断扩大。同时，随着人民生活品质的提高，聚苯乙烯产品的消费档次也不断提升，聚苯乙烯的市场需求有所增长。2016—2018年，我国聚苯乙烯表观消费量同比增速分别为5.64%、10.11%和16.11%。

我国聚苯乙烯（GPPS/HIPS）的主要应用领域是电子电器、包装容器和日用品。2017年三者分别占国内聚苯乙烯（GPPS/HIPS）消费量的46%、29%和25%。电子电器行业中，抗冲击级聚苯乙烯（HIPS）主要用于制造家电及电子产品的外壳，通用型聚苯乙烯（GPPS）主要应用于注塑零部件、冰箱板材、音像制品等；包装容器行业，通用型聚苯乙烯（GPPS）主要应用于包装和电绝缘领域，常用的透明BOPS片材是以通用型聚苯乙烯（GPPS）为主要原料，加入少量增韧树脂来增强产品韧性。其主要应用于食品包装、药品及其他口服液包装及各种包装盒，高端的BOPS还可以用于制造包装电子元件的电子载带；日用品行业，通用型聚苯乙烯（GPPS）的应用范围广阔，主要应用于家用胶盆、牙刷、化妆品盒、装饰品、文具、玩具、装饰广告板等。目前本公司产品在三大领域都有应用，未来将结合自身的规模、产能和技术优势，将扩大在电子电器和包装容器领域的中高端应用。

2.技术可行

（1）产品性能优越、技术先进

本项目最终产品是GPPS系列产品。改造后的产线将提高生产工艺水平、自动化水平、产品质量等级，可以实现分子量更高的光扩散板、导光板、高透明和高强度的聚苯乙烯新材料的生产。公司的产品质量等级将跻身行业内第一梯队，产能可以满足国内市场，尤其是高端市场不断增长的订单需求，为公司创造更大的利润空间，有助于提升公司在行业的核心竞争力。

在生产过程中，公司采用目前石化行业先进的计算机集散控制系统（DCS），具有自控点集中、控制品质优的特点。该控制系统较先进，人机界面好，应用软件较成熟，经过这几年的实践，公司已具备DCS实际编程及组态的技术能力，新产线的自控水平将更完善，为聚苯乙烯新材料产品的优质和高产提供更加安全、可靠的控制手段。

公司在现有的生产设备基础上，替换部分生产设备，包括一级脱挥器、脱挥预热器、循环冷凝器、反应冷凝器、水下切粒设备、导热油管和包装系统。通过脱挥预热器改造，采用高效换热器可以缩短聚合物在高温区的停留时间，避免聚合物过热、老化，有效保证产品质量，同时组合高效脱挥器，可以加大脱挥能力，降低产品残单含量；通过切粒机改造，避免普通切粒机因存在粘辊、粘刀等缺陷，影响产品质量及生产装置长周期稳定运行，高性能切粒机能提升产品质量和运行稳定性；通过生产线冷凝器技术改造，可以提高冷凝效果，减少物料蒸汽排放，有利于环保；通过导热油炉燃烧器改造，提高加热炉热效率，降低氮氧化物的排放，有利于减少环境污染；通过对热油系统保温管道进行更换，减少泄漏隐患及能量损耗；通过包装系统智能化技术改造，采用自动包装线打包、码垛，有利于保证产品不受污染，同时有效地保证生产安全。

（2）自主创新能力强劲

公司自创始之初就注重技术的积累和提升，重视技术研究和团队建设。公司掌握多项核心技术：GPPS/HIPS的连续本体法生产技术；在GPPS的生产上，拥有国际先进水平引发剂引发技术、先进的残留单体脱除技术。公司强大的技术实力为本项目的实施提供了良好的技术保障。公司被工信部认定为第四批国家级专精特新"小巨人"企业。

研究中心在未来两年将重点着力于GPPS及聚苯类（包括共聚）在光学材料应用的研究，聚苯乙烯生产装置、生产工艺的优化，聚苯乙烯新材料新产品开发研究工作及基础理论研究三大方向，共计18个子课题。这三大方向的研究将帮助公司夯实对聚苯乙烯的基础研究，优化工艺流程，同时将带领公司突破生产聚苯乙烯中高端产品的技术，拓展下游应用。目前，公司已获得7项实用新型专利，另有两项发明专利、一项实用新型专利的申请已被受理。

3.经济效益可行

本项目经济效益良好。项目总投资3 639万元，计算期新增营业收入达到1 034万元，新增净利润达到622万元，税后内部收益率（FIRR）为19.67%，税后净现值为1 763万元，税后投资回收期为5.53年（含建设期）。可见，本项目建设可按期获利，投资回收期短，本项目建设完成后，经济效益显著。项目主要经济指标如表3-8所示。

表3-8　项目主要经济指标汇总

项目	经济指标
项目总投资/万元	3 639.69
建设投资/万元	3 619.64
铺底流动资金/万元	20.05
新增销售收入/万元	1 034.48
新增所得税/万元	109.81
新增净利润/万元	622.27
税前内部收益率	23.00%
税后内部收益率	19.67%
项目建设期/年	1.00
税前净现值（Ic=12%）/万元	1 212.64
税后净现值（Ic=12%）/万元	1 763.38
税前投资回收期/年	5.00
税后投资回收期/年	5.53

四、落地情况：成功上市，顺利施工

该IPO项目已经成功过会，2023年3月拿到注册批文，此次IPO融资规模达6.28亿元。由于在会时间长，公司利用自有资金和银行贷款等渠道筹集资金先行投入各募投项目的建设，截至2022年12月31日，募投项目"年产18万吨聚苯乙烯新材料扩建项目"已经建设完毕，竣工验收后，已经达到使用状态；"新材料三期建设项目""聚苯乙烯1号和2号生产线设备更新项目"和"研发中心建设项目"已经启动开工建设，工程建设进度已过半。目前，各募投项目按募投规划顺利施工，投资进度早于预期，企业业绩再创新高。

第三节
研发中心类募投项目

一、项目背景资料——航空维修与机载设备制造企业IPO项目（2012年项目启动）

该公司致力于航空领域为飞机安全性建设提供技术和产品服务，经过长期的技术积累和不断创新，公司已发展成为集航空维修保障、航空资产管理、机载设备研制、测试设备研制、数据分析应用与服务、机载设备加改装于一体的航空服务及装备综合保障供应商。公司主营业务涵盖：航线

维护、飞机大修、飞机喷漆、飞机内饰、部件修理、产品设计、工程与服务、资产管理、发动机管理、航材管理、技术培训等一系列民航服务；飞行参数记录系统、健康与使用监测系统（HUMS）、飞行管理数据打印机等机载设备产品研制；综合自动测试设备、高性能专用测试设备、便携维修检测设备等研制；机载设备加改装及一体化维修保障服务。

在此次IPO项目中，我们通过与上市公司董事长、总经理和战略规划部面谈，详细地了解了公司发展战略及各项业务发展现状，并详细地分析了该公司此次在资本市场上融资的募投项目初步规划情况，结合航空维修行业同类上市公司，如海特高新、安达维尔等公司历次募投项目，制定了有针对性的项目建议书。

首先，确定公司当时的发展战略。公司在未来3～5年将通过开展民航测试设备研制，使ATE、TPS❶及机械附件测试设备国产化，降低测试设备采购成本；开发航空PMA❷更换件和改装件，使航空公司节约采购成本。本项目实施将进一步提升公司的航空电子深度维修能力，节约维修的测试设备采购成本，从而增加公司的营业利润，自主开发的PMA件其性价比在国内达到最佳，使公司有能力为民航公司提供研制、开发、维修一体化解决方案。

---

❶ ATE，即automatic test equipment，广义上的集成电路测试设备都称为ATE；TPS，transactions per second，指每秒传输的事物处理个数。

❷ PMA，即零部件制造人批准书，是中国民用航空地区管理局颁发给供安装在经型号合格审定或型号认可审定的民用航空产品上作为更换或改装用零部件的制造人的批准书。PMA件即指上述零部件制造人依据其持有的PMA证书生产的零部件。

公司及时响应客户在相关技术方面的需求，加强自身技术开发与创新能力。通过搭建研发平台、配备高端设备、进行专业培训来增强公司技术团队的综合研发实力，形成公司的核心竞争力；通过对维修能力的全面建设、维修周期的有效控制、深度维修的技术开发，为客户提供更加快捷、可靠且成本相对低廉的电子维修服务，使公司成长为亚太地区技术领先的航空机载电子维修企业。

2012年，公司的主营业务以航空电子设备维修和机械维修为主，以设备研制为补充。当时高铁尚未普及，线路比较少，飞机出行成为商务人士的首选，那几年航空业蓬勃发展，带动了航空设备维修行业的高速发展。当时公司在会时间长，期初设计的两个募投项目"机械维修产业化技术改造项目"和"航空机载电子设备维修能力扩展一期项目"已经启动，公司利用自有资金和银行贷款筹集资金先行投入两个募投项目。经过两年的发展，公司业绩翻一番，当初的一期电子设备维修产能已经接近饱和，急需扩展二期项目，以满足不断增长的业务订单需求，因此航空机载电子设备维修能力扩展二期项目成为当时最佳的募投项目方向。另外，公司在长期的维修业务中，锻炼了自身的航空设备研制能力，航空设备研制成为公司新的利润增长点。由于航空零配件一直是国外垄断的，为了尽早摆脱国外的控制，国内各大航空科研院所都在刻苦攻关研究，民营企业也在机载设备研制方面下苦功，不管是国家战略还是企业本身战略，航空设备研制都是公司的发展方向。同时，航空设备研制的过程是漫长的，它是一个长期的技术攻关和多基础学科研究突破的过程，有些项目研发周期达到10年。

研发中心作为一个基础技术研究和新产品开发的部门，任重道远，持续的研发投入是公司的一笔重要支出。因此，以近三年研发课题作为此次研发中心募投项目再合适不过了。

其次，IPO融资规模的匡算。结合公司2012年的净利润情况、近一个月行业市盈率以及发行比例25%，我们匡算了此次IPO发行的融资规模为3.88亿元左右。

项目前期，我们通过"倒金字塔"模型一步步分析研究，解决了募投项目"做什么"和"多大规模"的关键问题。因此，本次新增募投项目的方向确定为"航空机载电子设备维修能力扩展二期项目""研发中心建设项目"。

由于篇幅有限，我们在本小节中仅展示其中一个项目——"研发中心建设项目"的执行情况。

二、项目启动与准备工作

（一）项目工作计划

常规募投项目在客户现场的工作时间为1个月，首要工作任务是确定募投项目，我们在项目启动之前已经完成该任务；进场后开始收集企业提供的基础资料和行业资料，并对资料和数据进行深度分析研究；进场后第一周内完成对公司管理层及募投项目相关负责人的访谈，了解公司对募投项目的规划和设想；接着是报告正文内容的撰写，包括经济效益测算的内容，三周内完成报告初稿；报告初稿提交给券商及公司后，会结合客户的修改意见，进一步修改及完善报告并完成定稿。项目工作计划安排如表3-1所示。

（二）项目资料清单

我们会根据每个项目的行业特点和项目特点制定不同的项目资料清单，主要包括公司的基本资料、募投项目的资料、经济效益测算表（研发中心类项目无须做经济效益测算）所需的基础数据。为了客户更准确地理解我们的需求，我们一般会制作一系列的资料及数据的模板供客户参考。表3-9是一般研发类型项目的常规资料清单内容。

表3-9　研发类型项目资料清单表

序号	工作内容	备注说明
1	募投项目建设方案	
2	土建工程及装修费用明细	详见Excel表格
3	购置设备明细（型号、品牌、数量、单价）及选型依据	详见Excel表格
4	建设期募投项目的人员配置及薪酬	详见Excel表格
5	研发方向、研发课题介绍	
6	研发中心的组织架构图、研发流程图及文字介绍	
7	公司近三年财务报表	
8	公司的荣誉、资质证书，公司参与制定的行业标准	
9	公司核心技术介绍、获得的专利（发明、实用新型、外观设计）	
10	公司的组织结构图及其职能职责描述	
11	公司的内部工作制度及研发管理制度	
12	公司近三年研发经费投入状况	详见Excel表格
13	公司的组织架构图及股权结构图	

（三）管理层访谈提纲

我们会根据每个项目的行业特点和项目特点制定有针对性的管理层访谈提纲。可以说，没有一个项目的访谈提纲是一模一样的，它们都是定制化的访谈提纲，但访谈的对象基本是固定的，主要包括董事长或总经理、财务总监、技术总监、人力资源总监、市场总监。主要通过对董事长或总经理的访谈了解公司未来发展战略和各业务发展情况、市场竞争格局、募投项目的规划及设想；通过对财务总监的访谈了解公司经营情况、财务状况；通过对技术总监的访谈了解公司的技术实力、研发情况、自主创新能力等情况；通过对人力资源总监的访谈了解公司人员结构、人才储备、团队经验等情况；通过对市场总监的访谈了解公司所处行业的发展情况、市场竞争情况、下游客户情况、公司产品核心价值等情况。一般项目的常规管理层访谈大纲内容如表3-3所示。

通过管理层访谈后，我们一般对接的是募投项目的负责人，除了对他们做详细的访谈，还需要跟他们对接提供募投项目的所有资料和数据，以及反复论证基础数据的逻辑性和数据来源。表3-10是针对募投项目负责人的访谈大纲内容。

表3-10　项目负责人访谈大纲内容

序号	沟通及讨论专题
1	公司研发中心的发展历程
2	研发中心的人员结构、技术专家储备情况
3	研发成果、专利情况、核心技术介绍

续表

序号	沟通及讨论专题
4	近三年研发经费投入情况
5	研发中心的发展目标和研究方向
6	目前研发课题和未来三年研发课题介绍
7	募投项目确定的研发课题有哪些
8	行业技术发展路径图
9	募投项目是否符合行业的技术研发趋势
10	募投项目的研发课题有哪些难度，成功率有多少
11	每个研发课题的研发经费预算

三、研发中心类项目可行性分析

（一）项目的必要性

1.研发项目助推航空维修能力提升

2010年至今，国内航空公司订购了大量新机型飞机，包括B787、E190、A380、A330等。随着老旧机型的淘汰，新引进机型应用了许多电子技术、智能技术、信息技术等高新技术，配备新型发动机、新的航电系统和机载设备。全新设计、高运力的新一代飞机的技术复杂，维修保障难度将提高，对保障测试能力的要求愈加严格；随着国内民用航空业务的发展，航线加密以及航空公司竞争加剧，客观上也刺激了民用航空维修保障能力的提升。本项目开展民航测试设备研发，可以使公司拥有更多机型的测试能力，并在测试能力达标的基础上进一步完善新老机型的维修模式和技术，使公司的技术实力、研发储备和自有装备水平都得以提高。

另外，公司开展国产PMA件研发，研制出高端PMA件可以使客户在维修中有更实惠的替换件和改装件可以选择。开展国产PMA件研发，一方面，避免使用昂贵的进口PMA件，降低日常保障维修的费用；另一方面，可以解除OEM（俗称"代工"）厂商不再生产某零件造成的困扰，可以实现国产PMA件自给自足。因此，研发项目顺应了民航运输业的发展态势，能有效地促使公司的发展与市场变化同步。同时，研发项目有助于推动公司航空维修保障能力的提升。

2.研发项目符合行业技术前沿发展趋势

近年来，民航运输公司引进的新机型，其设计和制造都运用了新理念和新技术。这些机型为飞机维修业带来许多新的研究课题和新的变化趋势。新研究课题的破解和新变化趋势的把握，往往需要调整和更新测试技术和手段作为支持。

为了更好地完成这些新机型的维护和维修，需要借助更先进测试技术和手段的使用，提高向深度维修领域进军的能力。新机型测试和维修技术模式涉及的知识面广泛，机械、电子、电器专业交集的程度大幅提高，特别是对高效测试方面提出了新要求。测试设备研发项目针对这些热点和难点，通过研发提升相关测试设备的性能和质量，将使公司在维修保障能力上走在行业的前列。目前，民用航空所使用的测试设备和PMA件，主要依赖国外进口，本项目启动的两个研发课题，能使公司在国产民航测试设备和国产PMA周转件上实现突破，逐渐摆脱对国外进口设备的依赖，实现国产替代。

3.研发成果将成为公司新的利润增长点

本项目所开展的两个研发课题，即民航测试设备研发和民用航空器零部件制造人批准书（PMA）件研发，一旦取得突破，最终研发成果产业化后可形成一系列的产品和服务，包括提供更多机型、更有效率的测试和维修服务，适用于民航体系的系列测试设备产品，以及可单独出售或在维修服务过程中出售的PMA件系列产品。

这些产品和服务的市场需求潜力巨大。国产民航测试设备和PMA件的推出，可以在目前技术竞争和成本竞争日益激烈的民航运输业，及时满足客户的需求，实现相关产品的进口替代。这些产品和服务是目前公司经营的产品和服务的有力补充和优化，而且可以依托公司现有的渠道和客户群推广和销售，扩大产品和服务的应用领域，从而带来业务量和销售额的增长，最终培育成公司新的利润增长点。

（二）项目的可行性

1.市场可行

（1）民航业稳定发展为本行业提供广阔的市场空间

2008—2012年，客货运输航空发展较快，飞机数量、航线数量、旅客周转量和货运周转量都保持了稳定发展势头。客货运输飞机总架数从2008

年的 1 259 架增长到 2012 年的 1 941 架，五年复合增长率达到 9%；民用航线总数从 2008 年的 1 532 条增长到 2012 年的 2 457 条，五年复合增长率达到 9.9%；航空旅客周转量从 2008 年的 28 827 993.33 万人／公里增长至 2012 年的 50 257 366 万人／公里，五年复合增长率达到 11.76%；航空货运周转量从 2008 年的 3 767 651.71 万吨／公里增长至 2012 年的 6 103 217 万吨／公里，五年复合增长率达到 10.13%。根据《中国民用航空发展第十二个五年规划》，到 2015 年，客货运输飞机要达到 2 750 架，并且要"初步建成具有中国特色的行业安全管理体系和运行机制，运输航空每百万小时重大事故率低于 0.20"，预计未来几年，客货运输航空对保障测试设备的需求将进一步增长。

另外，2010 年后，我国通用航空进入一个飞速发展的时期。2010 年 8 月 19 日，国务院和中央军事委员会联合发布《关于深化我国低空空域管理改革的意见》，我国低空空域将加速开放和规范。2010 年我国通用飞机总量仅有 606 架，低空空域开放后，2012 年通用飞机总量就达到了 1 320 架，两年时间增加了 714 架。同时期通用航空的飞行时间从 2010 年的 139 772 小时增加到 2012 年的 517 037 小时，足足增长了 3.7 倍。随着通用航空市场进入规模发展阶段，通用航空将在不久的将来成为航空保障测试设备不容忽视的重要市场之一。

（2）军用航空发展带动了机载设备需求

国防经费支出稳定增长。国际军事竞争形势的加剧，科学技术和军用航空的发展，必然会带来我国军用航空保障测试设备产品需求的增加。国防经费额度是否足够，是航空装备短期能否增加、军用航空保障设备产品市场需求能否增长的前提条件，也是保障测试设备需求能多大程度满足的必要条件。2012年国防预算达到6 506.03亿元，同比增长11.6%。从2007年到2012年，国防支出的复合增长率为12.49%。国防白皮书《中国武装力量的多样化运用》对国防力量建设提出了一些方针政策：陆军方面，要"加快发展陆军航空兵""提高空地一体、远程机动、快速突击和特种作战能力"；海军方面，要"提高远海机动作战"能力，远海机动作战能力和航空母舰息息相关，可以预见舰载机、预警机等机型也将加速研发、量产并投入使用；空军方面，要"发展新一代作战飞机"，"提高战略预警、威慑和远程空中打击能力"。军用航空的国防费用投入将逐年增长，占国防费用总投入的比例亦会稳步提升；空中武装力量将更新、优化扩充，相应的保障测试设备需求应逐年增长。

2.技术可行

（1）研发成果能实现国产替代

测试设备研发。目前民航飞机维修的核心设备主要是由国外引进，投资额巨大，同时要承担升级维护费用，不利于维修规模的进一步扩大。针对复杂的ATE测试设备、TPS和机械附件设备进行专项研究，可实现外购设备的国产化，降低设备投入成本。在研制过程中，获得航空公司和OEM支持，建立设备研制标准流程，获得适航部门认可。一旦研发成功，产品将替代进口测试设备。

PMA件研发。PMA件是指安装在型号合格产品上的更换件和改装件。国产PMA件由于价格优势成为航空公司削减成本的一个选择。PMA供应商已开始通过提供广泛供应链解决方案来赢得客户信赖，该解决方案使供应链快速运作，从而节省大量成本，并增加价值。PMA件研发成功后，将为客户提供一系列物美价廉的产品，摆脱对进口产品的依赖。

（2）技术先进，并符合适航标准

随着航空电子的发展，保障测试设备的复杂性、多样性不断提高。除分系统或分设备部署测试设备的做法外，为整个航空电子系统部署通用测试设备的做法也日益流行。新的发展趋势要求测试设备在硬件设计规范上，必须采用国际上先进的、成熟的工业标准，保证功能模块的兼容性；在软件设计上，应遵循即插即用标准，采用成熟的商业应用软件平台。

测试设备的稳定性和兼容性是被测部件工作性能的决定性因素之一。在测试设备的研发过程中，必须遵循严密设计的研发流程，包括方案论证、结构设计、软硬件设计、设备验证等环节。研发工程师要充分考虑测试需求、测试技术指标和测试资源，整体方案要符合ARINC608A标准（规定了自动测试系统的硬件和软件结构），软件设计则必须遵循ARINC664标准（描述了测试设备使用的测试语言和测试办法）。

PMA件属于民用航空机载设备，因此其设计、研发、制造过程必须符合相关的适航法规体系。PMA件软件设计必须遵守DO-178B标准（针对民用航空机载软件的开发和适航认证所制定的标准），保证机载软件安全可靠，硬件设计必须遵守DO-254标准（航空或者发动机的机载系统和设备的

复杂电子硬件设计质量保证导则）。在产品研发完成后，须按中国航空标准
CCAR-21-R3（民用航空产品和零部件合格审定规定）向中国民用航空总
局提交相关审定文件，待审定通过获得该产品PMA证书后，才可将产品出
售给客户，并让其安装在相应的飞机上。

3.经济效益可行

本项目对公司经营业绩起着辅助性作用，并不直接产生经济效益，而
且基础性研究具有一定的不确定性。这类项目无法进行经济效益测算，我
们仅提供本项目的募集资金使用明细。本项目总投资5 386.34万元，其中
场地租赁费用为120.00万元，软件设备购置1 025.55万元，硬件设备购置
2 737.86万元，办公设备购置56.76万元，项目实施费用为1 038.17万元，
人员工资为408万元。可见，本次募投项目有效提升公司的航空技术水平
和研发能力，间接效益良好，对公司的业务拓展有较大的促进作用。项目
主要经济指标如表3-11所示。

表3-11 项目主要经济指标汇总

项目或费用名称	总投资明细/万元	占总投资的比例
场地租赁费用	120.00	2.23%
软件设备购置	1 025.55	19.04%
硬件设备购置	2 737.86	50.83%
办公设备购置	56.76	1.05%
项目实施费用	1 038.17	19.27%
人员薪酬	408.00	7.58%
总投资金额	5 386.34	100.00%

四、落地情况：成功上市，利润增长

该IPO项目已经成功过会，2015年4月在深交所上市，此次IPO融资规模达3.88亿元。截至2017年12月31日，根据公司公告"2017年募集资金年度存放与使用情况的专项报告"公布的内容，除了原募投项目"航空机载电子设备维修能力扩展（二期）技术改造项目"变更为"综合数据采集与信息处理系统项目"，全部募投项目均已实施完毕，达到预期募投规划效果。其中，研发中心项目已于2016年12月31日达到可使用状态，累计投资4 461.10万元，结余募集资金转出用于永久补充流动资金。研发成果ATE测试设备和PMA件已经成为公司新的利润增长点。

CHAPTER
FOUR

从筹划到落地——非固定资产投资类项目

筹投项目
实施手册

第三章展示了固定资产投资类项目的实操过程，第四章将会展示非固定资产类投资项目的案例。在实际项目中，不可能只有固定资产投资类项目，更多的是搭配了一两个非固定资产投资类项目一起构成整个募投项目。在这里再次重申，非固定资产投资类项目包括营销网络类、信息化类、补充流动资金类，对于营销网络类、信息化类项目，有些地方发展改革委不接受备案，因为它们不是固定资产类投资项目，而补充流动资金类项目，无须去发展改革委备案。

不管什么类型的募投项目，我们都可以通过"倒金字塔"模型四个步骤来筹划及确定募投项目。下面我们用实际案例来展示非固定资产投资类的募投项目从筹划到落地的全过程❶。

第一节
营销网络类募投项目

一、珠宝企业IPO项目（2011年项目启动）

该公司从事中高档珠宝首饰产品的设计、开发、生产及销售，主要产品包括镶嵌首饰、黄金首饰、铂金首饰，以镶嵌首饰为主打产品，并拥有

---

❶ 本书使用的实际案例都保留了项目执行期的原始数据，以便还原当时的行业情况，方便读者结合当时的市场情况理解项目从策划到落地的全过程。

线上线下的销售渠道，形成了以湖南、四川、重庆、西北四大优势区域为核心的连锁销售网络。经过十几年的发展，公司在全国拥有品牌零售店达到300家，在国内珠宝市场占有一定的市场地位。公司自有镶嵌工厂和设计团队，拥有数十项技术专利和设计专利。公司荣获"中国驰名商标""中国名牌""中国珠宝首饰业驰名品牌"等荣誉。

在此次IPO项目中，我们通过与上市公司董事长、总经理和董秘面谈，详细地了解公司发展战略及各项业务发展现状，并结合珠宝行业同类上市公司，如周大福、中国黄金、明牌珠宝、潮宏基等公司历次募投项目，制定了有针对性的项目建议书。

首先，确定公司发展战略。公司将不断发挥研、产、供、销一体化经营的优势，进一步提升设计水平和生产能力，满足日益增长的市场需求。同时，通过扩建营销网络拓展渠道，提升渠道竞争力，以渠道拓展为依托，提高公司的品牌知名度，扩大市场份额，提升公司的整体获利能力，努力把公司打造成一个百年中华珠宝品牌，扩大中华民族珠宝首饰在国际上的影响力。该公司2012年启动IPO进程，当时公司的连锁门店仅有200家，而同期的珠宝上市公司的连锁门店普遍在300家以上。珠宝零售行业以连锁门店为主要销售渠道，营销网络的扩张是珠宝企业制胜的关键。只有建立全国性营销网络体系才能抢占市场，"跑马圈地"将是众多强势珠宝品牌的必然选择。因此，营销网络扩建项目是最合适的募投项目方向。另外，公司是研、产、供、销为一体的珠宝企业，设计和生产也是企业综合竞争力的体现，也是公司产品品质的保证。为了吸引更多的优秀设计师加盟，打造更强大的设计师团队，创造更多优秀的珠宝款色，设计经费投入一直是公司每年的重头戏。因此，设计中心建设是比较合适的募投项目方向。

其次，IPO融资规模的匡算。结合公司当年（2011年）的净利润情况、近一个月行业市盈率以及发行比例25%，我们匡算了此次IPO发行的融资规模为3.87亿元左右。

项目前期，我们通过"倒金字塔"模型一步步分析研究，解决了募投项目"做什么"和"多大规模"的关键问题。因此，本次IPO募投项目的方向确定为"营销网络扩建项目""设计研发中心建设项目"。

由于篇幅有限，我们在这里仅展示其中一个项目——"营销网络扩建项目"的执行情况。

二、项目启动与准备工作

（一）项目工作计划

常规募投项目在客户现场的工作时间为1个月，首要工作任务是确定募投项目，我们在项目启动之前已经完成该任务；进场后开始收集企业提供的基础资料和行业资料，并对资料和数据进行深度分析研究；进场后第一周内完成对公司管理层及募投项目相关负责人的访谈，了解公司对募投项目的规划和设想；接着是报告正文内容的撰写，包括经济效益测算的内容，三周内完成报告初稿；报告初稿提交给券商及公司后，会结合客户的修改意见，进一步修改及完善报告并完成定稿。项目工作计划安排如表3-1

所示。

（二）项目资料清单

我们会根据每个项目的行业特点和项目特点制定不同的项目资料清单，主要包括公司的基本资料、募投项目的资料、经济效益测算表所需的基础数据。为了客户更准确地理解我们的需求，我们一般会制作一系列的资料及数据的模板供客户参考。表4-1是一般营销网络类型项目的常规资料清单内容。

表4-1 营销网络类型项目资料清单表

序号	工作内容	备注说明
1	募投项目建设方案	文字性描述
2	区域拓展布局	见附表区域拓展布局
3	新店租赁及装修费用明细	详见Excel表
4	购置设备明细（型号、品牌、数量、单价）及选型依据	详见Excel表
5	未来10年募投项目的人员配置及薪酬水平	详见Excel表
6	未来10年募投项目收入预测	详见Excel表
7	未来10年募投项目运营成本明细	详见Excel表
8	公司连锁门店汇总表	店名称、地址、面积
9	提供近三年公司连锁门店的单店坪效	单店坪效＝单店年收入/店铺面积
10	提供近三年零售门店的主营业务成本明细表	提供到二级科目即可
11	公司近三年审计报告	经审计

续表

序号	工作内容	备注说明
12	公司获得的荣誉、资质证书,公司参与制定的行业标准	
13	连锁门店的开店流程图及文字介绍	
14	公司组织结构图及其职能职责描述	
15	公司内部工作制度及运营管理制度等	
16	公司的股权结构图	

(三)管理层访谈提纲

我们会根据每个项目的行业特点和项目特点制定有针对性的管理层访谈提纲。可以说,没有一个项目的访谈提纲是一模一样的,它们都是定制化的访谈提纲,但访谈的对象基本是固定的,主要包括董事长或总经理、财务总监、技术总监、人力资源总监、市场总监。主要通过对董事长或总经理的访谈了解公司未来发展战略和各业务发展情况、市场竞争格局、募投项目的规划及设想;通过对财务总监的访谈了解公司经营情况、财务状况;通过对技术总监的访谈了解公司的技术实力、研发情况、自主创新能力等情况;通过对人力资源总监的访谈了解公司人员结构、人才储备、团队经验等情况;通过对市场总监的访谈了解公司所处行业的发展情况、市场竞争情况、下游客户情况、公司产品核心价值等情况。一般项目的常规管理层访谈大纲内容如表3-3所示。

通过管理层访谈后,我们一般对接的是募投项目的负责人,除了对他们做详细的访谈,还需要跟他们对接提供募投项目的所有资料和数据,以及反复论证基础数据的逻辑性和数据来源。表4-2是针对募投项目负责人的访谈大纲内容。

表4-2　项目负责人访谈大纲内容

序号	沟通及讨论专题
1	公司近三年的运营情况
2	介绍公司及行业销售模式和特征（直营、联营、代理加盟、批发），每家门店铺货比例多少
3	公司目前的产品结构及其在未来是否有所调整
4	客户群体主要包括哪些（从职业、年龄、性别的角度来说明），客户忠诚度如何
5	产品未来价格变动趋势如何，价格变动是否造成重要客户流失
6	目前门店区域分布，今后的重点拓展区域有哪些，选址依据
7	募投项目新增门店的数量及区域设想
8	目前的产能可以满足上市后营销网络建设的需要
9	公司的竞争对手有哪些，公司的竞争优势是什么
10	珠宝行业的市场特性及淡旺季的季节性变化情况
11	珠宝行业的未来机遇，增长动力在哪里
12	如果面临营销网络拓展过快的风险，那么市场消化情况如何解决

三、营销网络类项目可行性分析

（一）项目的必要性

1.营销网络拓展是品牌建设的必要举措

随着消费者对珠宝首饰品质和款色要求的提高，具有品牌信誉、知名度高的珠宝企业生产和销售的产品越来越受青睐，在消费结构升级和高净值人群增加的背景下，品牌优势对于扩大客户群体和市场影响力、增加客户忠诚度有着举足轻重的作用。在中国珠宝首饰行业仍处于快速发展阶段、市场蛋糕持续做大、行业集中度不高的情况下，渠道扩张成为当下各大珠宝企业品牌建设的必要举措。

珠宝首饰专柜和专卖店作为销售终端，是目前中国珠宝首饰行业的主要营销渠道，承担了品牌建设的大任。自2000年以后，随着珠宝首饰行业的蓬勃发展，零售网点基本遍布县级以上城市。中国珠宝首饰行业零售市场已经进入以终端为导向的品牌竞争时期，众珠宝首饰企业只有不断壮大自己的销售规模、提升综合竞争实力，才能获得生存和发展机会。"品牌+渠道"已成为各珠宝首饰企业制胜的关键。本项目建成后，将在很大程度上彰显公司品牌，充实营销网络，提升公司业绩，为实现公司的发展战略目标作出重大贡献。

2.营销网络建设是增强公司盈利能力的必要选择

从珠宝首饰产业链环节来看，其主要涉及原材料开采、加工冶炼、毛坯加工、珠宝首饰制作和销售五个步骤。随着产业分工深化和市场竞争渐趋激烈，珠宝首饰价值链逐渐向零售终端转移，纯粹的生产制造在产业链中的地位不断下降，具备原创性的设计研发和掌握终端业务的价值则不断增强。

从珠宝行业产业链上各个环节的毛利率情况来看，零售商的毛利率要远超批发商的毛利率和制造商的毛利率。比如，镶嵌类珠宝的零售商毛利率为20%～30%，纯金珠宝的零售商毛利率为5%～20%，而制造商的毛利率仅为1%～3%，零售终端已经成为目前整个珠宝首饰产业链中增值最大的环节。根据毕马威会计师事务所全球珠宝行业市场调查结果，整个珠宝首饰产业链环节中，珠宝首饰零售环节增加值所占比重最大，总体达到672亿美元，占整个产业链的46%。因此，通过建立全国性营销网络体系才能抢占市场，"跑马圈地"将是众多强势品牌的必然选择。

本项目通过建立全国营销网络体系，实现一二线城市覆盖，三四线城市辐射的目标，增强公司的综合实力，扩大公司的品牌效应，突出公司的竞争优势，有利于提高公司的整体盈利能力。

3.营销网络建设有利于扩大公司市场份额

中国珠宝首饰行业竞争激烈，市场集中度低，并且具有明显的区域性特点。国内珠宝首饰的几大品牌的主要销售市场集中在广东、山东、上海、福建、浙江等沿海经济发达地区。比如：老凤祥以上海为基地、浙苏皖三省为核心市场；明牌珠宝以江浙地区为主；潮宏基以华东、东北地区为主要市场。

根据各公司2011年年报的披露，各大珠宝品牌营销网络均有进一步的提升，内地品牌老凤祥自营银楼和自营专柜已达到139家，连锁加盟店及经销网点已发展到1 876家；潮宏基新增77家专营店，在全国110个城市专营店达到444家；明牌珠宝新增专柜门店36家，加盟商增长较为迅速，达

50多家，到2011年年底公司终端网点数量近1 000家。中国香港品牌周大福在内地新增242家专营店，周生生在内地新增55家专营店，六福珠宝新增30家零售店，周大福、周生生和六福珠宝内地门店总数分别达到1 448家、232家和819家。境外知名品牌珠宝首饰企业近年来也纷纷加紧在境内的营销网络扩张，抢占市场制高点。在市场竞争日趋激烈的环境下，只有快速扩张，建立全国性的营销网络体系以控制零售终端，才能掌握销售的主动权，为品牌带来溢价。这将是众多强势品牌发展的必然选择，更是满足公司扩大市场份额战略目标的需要。

（二）项目的可行性

1.市场可行

（1）珠宝市场规模快速增长

珠宝首饰行业的发展与经济增长情况紧密相关。在宏观经济持续增长及人均GDP不断提高的推动下，我国珠宝首饰行业近年来发展迅速。国家统计局公布的金银珠宝类零售总额（限额以上批发和零售业）增速从2003年开始进入高速增长阶段，过去8年年复合增长率为31%。2010年我国限额以上金银珠宝类零售总额为1 260亿元，同比增长46%，远高于其他行业。根据中国珠宝玉石首饰行业协会的统计，即使在金融危机笼罩下，中国珠宝首饰业销售额继2008年达到1 920亿元后，2009年达2 200亿元，成为全球珠宝首饰行业增长最快的国家。2010年中国珠宝首饰销售额约为2 500亿元，2011年更是达到了3 000亿元，并预计到2020年，有望达到

4 000亿元，出口有望超过150亿美元。

2009年中国人均年珠宝消费额达到了18.8美元，比2003年增长了50.40%，但是与美国、日本、英国、法国等珠宝首饰消费大国相比，差距十分明显，中国的珠宝首饰消费潜力巨大。按照行业的平均增速测算，预计到2015年中国珠宝首饰行业的市场容量将超过4 900亿元。

（2）中国人均珠宝消费偏低，未来增长空间广阔

随着中国经济高速发展，城市化进程加快，近年来中国人均珠宝消费额显著提高，由2000年的10.2美元提高到2009年的18.8美元。与世界发达国家相比，中国人均珠宝消费额显著偏低。根据Euromonitor的统计，2009年中国人均珠宝消费额仅有18.8美元，而美国和日本的这一数值分别为154.7美元、89美元，分别是中国的8倍和5倍。从黄金的消费水平来看，其也符合这一比例，世界黄金协会统计数据显示，2009年我国人均黄金消费仅有0.33克，而同属亚洲的日本为1克/人、韩国为1.3克/人。如果未来中国人均珠宝消费水平能达到上述国家的水平，国内珠宝首饰需求将扩大5倍左右，这意味着未来中国珠宝首饰具备强劲的增长潜力和广阔的市场空间。

根据国际经验，人均GDP突破3 000（2000年不变价）美元意味着收入达到了一定的水平，汽车、耐用消费品和奢侈品的消费更加活跃，居民的消费结构将日益高档化和多元化。2008年我国人均GDP突破了3 000美元，2011年人均GDP突破了5 000美元，我国宏观经济的快速发展为珠宝首饰等奢侈品（相对奢侈品）消费的全面增长奠定了基础。2004年以后，

中国珠宝首饰行业增长速度超过了消费品批发零售贸易。

（3）中西部地区将成为我国珠宝消费重要增长点

目前中国珠宝首饰的消费主要集中在华南和华东地区，随着城市化进程的逐步推进，中西部经济逐渐崛起，消费结构不断升级。Frost&Sullivan报告预测，2010—2015年二线城市珠宝市场5年复合增长率将达到37.3%，而三线及其他次级城市珠宝市场增长率更是高达45.3%，远远超过一线城市同期31.9%的增长率。二三线城市人工和租赁成本较低，品牌渗透率较低，有很大的市场潜力。

由于所处区位及发展阶段不同，全国经济发展水平差异较大，2011年中国有17个省市人均GDP超过了5 000美元，12个省市人均GDP为3 000～5 000美元，2个省市人均GDP在3 000美元以下。按此划分，中国珠宝首饰消费格局可以划分为主力消费区域、成长消费区域和新兴消费区域。

① 以东部地区为主的主力消费区域。珠宝首饰主力消费区域包括辽宁、北京、天津、山东、江苏、上海、浙江、福建、广东等，这些区域的人均GDP已经超过（或者接近）8 000美元，珠宝首饰消费进入全面增长阶段。

② 以中部地区为主的成长消费区域。珠宝首饰成长消费区域包括黑龙江、吉林、河北、山西、湖北、湖南、重庆、陕西、宁夏等，这些区域的人均GDP为5 000～8 000美元（或者接近5 000美元），这些区域的珠宝首饰消费进入快速增长阶段。

③ 以西部地区为主的新兴消费区域。珠宝首饰新兴消费区域包括河南、安徽、江西、海南、广西、云南、四川、甘肃等，这些区域的人均GDP为3 000～5 000美元（或者接近3 000美元），这些区域的珠宝首饰消费进入增长起步阶段。

中西部地区珠宝首饰消费潜力巨大，未来将成为我国珠宝消费重要的增长点。

公司此次募投项目主要用于营销网络（全部用于自营店）的建设，营销网络的布局思路是：根据行业的发展趋势及公司的区域优势，营销网络主要开设在成长消费区域和新兴消费区域。两大区域新增自营店的数量约占全部新增自营店的85%，其他自营店开设在北京、天津、江苏和广东等传统消费区域。通过这些店铺的开设，分享行业增长红利，提升市场份额。

2.技术可行

（1）专业的设计团队打造自主创新设计能力

公司的设计中心实行吸引高级人才与招聘、自行培养的策略，汇集了一大批具有专业技术及丰富工作经验的资深设计师，顺应客户需求设计研发个性化产品和服务。公司当前设计团队有40人，分布在手绘部、三维绘图部、手工起板部，设计师具有丰富的珠宝设计研发能力，对公司的发展历史与产品特点非常熟悉，创造出符合公司"浪漫经典"品牌形象的设计理念和风格。出自公司设计师之手的款色达万件，设计师参加国内外设计大赛荣获多项殊荣，用行动证明公司珠宝设计团队的自主创新能力和设计天赋。设计与创新是公司发展壮大的永恒动力。公司是中国珠宝首饰业驰名品牌，公司所设计的"红毯系列""轻奢系列"及"闪耀系列"获得了消费者的高度认可，并在国内外珠宝展中获得了一致好评。

（2）自有生产基地保证产品质量

公司的生产基地拥有3 357平方米的镶嵌类产品生产加工厂房，员工××人，分为6个部门，分别是打磨部、收发部、执模部、镶石部、制蜡部、数控机床部；年产量约为24万件，雄厚的生产加工制造能力使公司的产品线涵盖了市面上绝大部分的镶嵌类珠宝首饰产品，包括钻石镶嵌、K金镶嵌、铂金镶嵌、珠宝玉石镶嵌等万余款产品。除满足自有终端销售外，公司的生产基地还为其他珠宝企业代工生产，素金类产品主要依靠外协生产。公司致力于提供丰富的珠宝首饰产品系列，以完整的产品线来满足客户多元化的消费需求。公司在特力水贝工业区开设专门陈列展厅，展示公司原创性设计产品，也可为客户定制个性化饰品，全方位的产品体系覆盖不同偏好的消费者，有助于提高服务质量与服务效率，从而增加客户的满意度。

3.经济效益可行

本项目经济效益良好。项目总投资35 860.31万元，计算期10年内年均营业收入达到35 638.61万元，年均净利润达到2 932.11万元，年均净利率为8.20%，税后内部收益率为23.49%，税后净现值为15 992.13万元，税后投资回收期为4.99年（含建设期）。可见，本项目建设可按期获利，投资回收期短，项目建设完成后，经济效益显著。项目主要经济指标如表4-3所示。

表4-3　项目主要经济指标汇总

项目	经济指标
项目总投资/万元	35 860.31
固定资产投资/万元	5 137.26
铺底流动资金/万元	30 723.05
年均销售收入/万元	35 638.61
年均所得税/万元	977.37
年均净利润/万元	2 932.11
年均净利率	8.20%
税前内部收益率	27.52%
税后内部收益率	23.49%
项目建设期/年	2
税前净现值（Ic=10%）/万元	20 545.92
税后净现值（Ic=10%）/万元	15 992.13
税前投资回收期/年	5.58
税后投资回收期/年	4.99

四、落地情况：业绩下滑，上市失败

该公司在申报期因为自身业绩下滑，非常遗憾，最后撤材料。但最近我们跟公司董秘联系得知，公司虽然没有走IPO的道路，但最近几年发展良好，用自有资金和银行贷款筹集资金的方式投入营销网络扩展项目，截至2022年12月31日，公司的连锁门店已经超过300家，并且在深圳水贝建设了总部大楼，公司各项业务迈上新的台阶。

第二节
信息化类募投项目

一、航材及航化品分销企业IPO项目（2020年项目启动）

该公司为服务型航材分销商，分销的主要产品包括民用航空油料、航空原材料和航空化学品等航材，通过为客户提供产品解决方案和供应链管理服务实现产品最终销售，属于埃克森美孚、3M、EC、汉莎技术、亨斯迈、朗盛、博世等国际知名品牌的授权分销商。经过十余年的发展，公司凭借齐全的业务资质、快速的客户响应能力、高效的信息系统管理和仓储物流服务、一站式产品供应能力和贴近市场的销售网络，已经成为国内乃至亚太地区的主要航空公司、飞机维修公司、飞机制造商及OEM厂商的重要航材分销商。

此外，公司经过十余年的行业积累，积极响应航材国产化战略，逐步加大对航空化学品及航空原材料的自主研发投入，立志成为行业领先的集研发、生产、销售于一体的航材综合服务商。公司目前自主研发的产品主要包括清洗剂、消毒液、内饰壁纸、胶带等，已通过中国民航局相关认证，部分产品已经获得中国商用飞机工艺材料产品批准书，并在国内众多知名航空公司的多种机型上得到使用。

在此次IPO项目中，我们通过与上市公司董事长、总经理和董秘面谈，详细地了解公司发展战略及各项业务发展现状。由于目前航材分销领域尚没有同类的上市公司，我们以公司上下游的上市公司作为参考，了解整个产业链的情况，制定了有针对性的项目建议书。

首先，确定公司的发展战略。仍以航材分销为主业，不断巩固航材贸易市场地位。同时，公司积极响应航材国产化战略，通过子公司润和新材料实现航材、航化品的国产化，根据市场的需求提供航空消毒清洗剂产品、舱内装饰膜、飞机散货舱地板和侧板及航空特种功能胶带等产品，争取成为业内一流的航材、航化品生产商。因此，航材及航化品生产基地项目符合公司未来发展战略的重要部署，非常适合作为本次IPO的募投项目方向。同时，航材分销商对日常运营资金的需求非常大，资金占用周期长，属于资金密集型行业，因此补充流动资金是合适的募投项目方向。另外，根据公司中远期战略规划，公司将加大资金投入力度，加快功能性高分子膜材料在航空国产大飞机及MRO中的应用、航空航天特种功能性胶黏剂研发及自主体系建立、改性聚碳酸酯树及其合金在飞机内饰上的解决方案、航空座椅座套织物用耐洗涤阻燃抗菌体系等技术及体系研发是研发中心未来3～5年的核心任务。航材及航化品国产化需要公司持续不断地投入新品的研究开发，突破技术门槛，实现国产替代，摆脱国外垄断。因此，研发中心扩建项目也是必不可少的募投项目方向。因为航材及航化品的生产、存储、周转都需要特殊的条件，要求符合民航相关标准，公司必须提高信息化管理、提高日常经营效率，公司计划在营销、生产、仓库上建立客户关系管理（CRM）系统、数字化生产系统MES、金蝶云·星空工厂ERP系统、智能化仓储管理系统（WMS），加快推进航材供应链的信息化集成应用，计划用2年时间实现信息化系统功能构建和新技术在公司生产及运营中的推广应用。为了实现公司的战略规划，信息化升级建设变得尤为重要，因此我们把它也纳入募投项目方向。

其次，IPO融资规模的匡算。结合公司当年（2020年）的净利润情况、近一个月行业市盈率以及发行比例25%，我们匡算了此次IPO发行的融资规模为4.86亿元左右。由于该公司在会时间长，为了不影响公司发展战略，公司通过银行贷款和自有资金先行投入部分项目，在上会的时候募集资金额扣除了部分先行投入的资金，实际募资金额为4.73亿元。

项目前期，我们通过"倒金字塔"模型一步步分析研究，解决了募投项目"做什么"和"多大规模"的关键问题。因此，此次IPO募投项目的方向确定为"航材及航化品生产基地新建项目""信息化升级建设项目""航空新材料研发中心建设项目"和"补充流动资金"。

由于篇幅有限，我们在这里仅展示其中一个项目——"信息化升级建设项目"的执行情况。

二、项目启动与准备工作

（一）项目工作计划

常规募投项目在客户现场的工作时间为1个月，首要工作任务是确定募投项目，我们在项目启动之前已经完成该任务；进场后开始收集企业提供的基础资料和行业资料，并对资料和数据进行深度分析研究；进场后第一周内完成对公司管理层及募投项目相关负责人的访谈，了解公司对募投项目的规划和设想；接着是报告正文内容的撰写，包括经济效益测算的内容，三周内完成报告初稿；报告初稿提交给券商及公司后，会结合客户的修改意见，进一步修改及完善报告并完成定稿。项目工作计划安排如表3-1所示。

（二）项目资料清单

我们会根据每个项目的行业特点和项目特点制定不同的项目资料清单，主要包括公司的基本资料、募投项目的资料、经济效益测算表所需的基础数据。为了客户更准确地理解我们的需求，我们一般会制作一系列的资料及数据的模板供客户参考。表4-4是一般信息化类型项目的常规资料清单内容。

表4-4 信息化类型项目资料清单表

序号	工作内容	备注说明
1	募投项目建设方案	
2	信息化系统的详细介绍（功能、模块）	
3	土建工程及装修费用明细	详见 Excel 表格
4	购置设备明细（型号、品牌、数量、单价）及选型依据	详见 Excel 表格
5	建设期募投项目的人员配置及薪酬	详见 Excel 表格
6	公司近三年在信息化系统的经费投入情况	

续表

序号	工作内容	备注说明
7	信息化系统建设的目标	
8	公司近三年财务报表	
9	公司的荣誉、资质证书，公司参与制定的行业标准	
10	公司核心技术介绍、获得的专利（发明、实用新型、外观设计）	
11	公司的组织结构图及其职能职责描述	
12	公司的内部工作制度	
13	公司的组织架构图及股权结构图	

（三）管理层访谈提纲

我们会根据每个项目的行业特点和项目特点制定有针对性的管理层访谈提纲。可以说，没有一个项目的访谈提纲是一模一样的，它们都是定制化的访谈提纲，但访谈的对象基本是固定的，主要包括董事长或总经理、财务总监、技术总监、人力资源总监、市场总监。主要通过对董事长或总经理的访谈了解公司未来发展战略和各业务发展情况、市场竞争格局、募投项目的规划及设想；通过对财务总监的访谈了解公司经营情况、财务状况；通过对技术总监的访谈了解公司的技术实力、研发情况、自主创新能力等情况；通过对人力资源总监的访谈了解公司人员结构、人才储备、团队经验等情况；通过对市场总监的访谈了解公司所处行业的发展情况、市场竞争情况、下游客户情况、公司产品核心价值等情况。一般项目的常规管理层访谈大纲内容如表3-3所示。

通过管理层访谈后，我们一般对接的是募投项目的负责人，除了对他们做详细的访谈，还需要跟他们对接提供募投项目的所有资料和数据，以及反复论证基础数据的逻辑性和数据来源。表4-5是针对募投项目负责人的访谈大纲内容。

表4-5 项目负责人访谈大纲内容

序号	沟通及讨论专题
1	公司信息化建设的现状
2	未来对信息化建设的目标和计划
3	为了完成这个目标，公司有哪些措施
4	IT部的人员结构，岗位职责情况
5	目前的人员结构是否满足目前的工作需要，募投项目需要新增多少人
6	近三年用于信息化建设的经费投入情况
7	目前公司信息化系统面临哪些短板
8	募投项目信息化系统升级聚焦在哪些方面
9	这次信息化系统升级有哪些难度，如何克服
10	信息化系统升级后给公司带来哪些具体影响

三、信息化类项目可行性分析

（一）项目的必要性

1.加强信息化管理，提高管理水平

公司加强信息化建设，将建立客户关系管理（CRM）系统、数字化生产系统MES（制造执行系统）、金蝶云·星空工厂ERP（企业资源计划）

系统、智能化仓储管理系统（WMS）等信息化管理系统。运用现代管理方法和手段，推进信息技术与企业管理深度融合，建立营销管理、生产管理、仓储管理等多个管理系统，围绕计划、资金、技术、物料、人员等关键控制因素进行动态管理，促进日常经营、营销管理、生产管理、仓储管理、供应链管理、客户关系管理和企业资源计划管理的智能化，加快企业管理信息化和网络化。

营销终端信息化管理采用客户关系管理（CRM）系统，将强化公司内部资源配置，加强对各地办事处的动态管控，在发展中进行动态调节，提高公司的信息处理能力、总部对各地分支机构的管理效率和准确性。智能工厂信息化管理采用数字化生产系统MES、金蝶云·星空工厂ERP系统，将提升公司生产运营的管理水平，加强工厂智能化建设能力，减少人工操作环节，提高生产效率和保证产品质量，节约生产运营成本，提升盈利能力。智能仓储信息化管理采用WMS，将加强对仓储物流业务进行智能化改造，覆盖入库、仓储、出库、运输等业务环节，实现航材产品、存货的数字化管理和自动化流转，提高物料配送、仓储和流通效率，进而节约人工成本，降低仓储物流运营成本。

通过信息化建设，公司各部门及分支机构的分工和权责更加明确，关键业务信息能准确、及时、高效地传递和获取，从而带来工作效率的大幅度提升，实现公司管理水平全方位提升，增强公司的核心竞争力。

2.推动信息化升级，加强营销终端管控

公司目前在主要的航空枢纽城市设有近20个销售办事处，并在新加坡、越南成立了境外子公司及办事处。业务已形成"以深圳为中心、以子公司为双翼、以办事处为触角"的覆盖全国乃至亚太地区的专业立体航空服务网络。

公司目前已经建设了一期客户关系管理（CRM）系统，将客户从行业、等级、信用额度等多维度进行画像统计，以客户为中心，实现了跨组织的横向协同，积极快速响应客户需求，随时随地开展销售活动。但目前的一期CRM系统的功能模块还有待升级和扩展，同时满足业务增长带来的客户群体扩容的信息化管理要求，以适应营销网络终端建设的深层次需要，提供更完善、更全面的客户关系管理服务。

本项目实施后，将推动公司营销终端的信息化升级，着力打造先进的信息化管理平台，从而优化企业的业务流程，提升运营管理的效率，以适应公司不断增长的销售规模带来的管理提升需求，并加强总部对各分支机构的管控能力和动态调节能力。公司信息化建设，不仅有利于行业信息化水平的发展，带动行业信息化水平建设的升级，而且可以提升公司的形象，提高公司在行业中的地位。

3.提升智能信息化水平，增强安全生产和仓储能力

化工厂爆炸事故会造成人员伤亡和重大财产损失。我国政府部门一直高度重视化工厂的安全生产和仓储问题，并采取了一系列措施加大规范整改力度，对于不符合安全生产资质的化工厂采取关停措施。公司积极响应国家政策号召，在安全生产和航材仓储上采用智能化信息系统，实现规范化、系统化管理，促进公司业务规模增长与安全生产及仓储相协调统一，

增强公司安全生产能力和仓储物流能力。

公司将利用互联网、物联网、通信技术、人工智能、自动化等现代化技术，建设数字化生产系统MES、金蝶云·星空工厂ERP系统。为了打造信息化的智慧工厂，公司加强各部门的业务协同、信息透明与共享，实现业务财务一体化管理，最终提升润和新材料惠州制造基地的信息数字化管理能力。采用MES将发挥工艺与制造的协同作用，缩短交付期、稳定产品质量、降低综合成本。采用ERP系统将覆盖公司的销售管理、采购管理、库存管理、生产管理、质量管理、质量追溯、条码管理、成本管理及财务会计管理等方面的协同作用。

在智能化仓储方面，公司将通过物流供应链仓储WMS系统的有效支持，提供海口物流仓储的仓库区域规划、智能应用集成、仓库作业流程优化等服务；全程通过条码化、RF设备智能应用，接口集成，实现精细化、库内可视化和运输可视化管理，降低成本，提高效率；综合有效控制并跟踪仓储业务的物流管理全过程，实现完善的企业仓储信息管理。

（二）项目的可行性

1.市场可行

公司以航空油料、航材和航化品分销为主营业务，细分行业可以分为航空油料、航空材料、航空化学品三个子行业。

（1）疫情前航空油料市场规模保持稳定增长

根据QYResearch调研的数据，2020年受新冠疫情影响，全球航空润滑油（含液压油）分销的市场规模约为11亿美元，同比下滑23.56%，预计2021—2027年复合增长率超过5%。其中，中国航空润滑油分销市场2016—2019年保持逐年稳定增长，复合增长率达到6.33%。受新冠疫情影响，2020年中国航空润滑油分销市场规模为1.81亿美元，同比下滑15.42%。相信随着新冠疫情的过去，航空业恢复正常，将迎来飞机出行的旺季，航空油料市场会逐渐恢复增长态势。

航空涡轮发动机不断发展，集中表现为涡轮前温度、压力、增压比和推重比参数不断升高，导致润滑油工作环境越来越苛刻，对发动机润滑油的要求也越来越高，这推动着航空发动机润滑油的不断发展。

（2）疫情前航空材料市场规模保持稳定增长

根据QYResearch调研的数据，2020年全球航空材料分销的市场总体规模约为122.59亿美元，同比下滑27.41%，预计2021—2027年复合增长率超过7%。其中，中国航空材料分销市场2016—2019年保持逐年稳定增长，复合增长率达到8.42%。受新冠疫情影响，2020年中国航空材料分销市场规模为10.40亿美元，同比下滑13.84%。从航空材料具体分类来看，非金属材料及复合材料分销市场规模占比相对较低，非金属材料及复合材料2020年全球分销市场规模达到16.43亿美元，占航空材料分销市场规模比重约为13.40%，预计未来2021—2027年复合增长率达到7.78%。

在科学技术迅猛发展的今天，飞机正朝着超高速、巨型、智能的方向发展，对航空材料提出了越来越高的要求。同时，航空材料也随着科学技术的进步而逐渐发展，新材料新工艺不断涌现，为航空事业的发展提供了物质保障。

（3）疫情前航空化学品市场规模保持稳定增长

航空化学品细分产品类别众多，其中胶黏剂和密封胶、油漆与涂料及清洁用品三类产品的占比较高。根据QYResearch调研的数据，2020年全球上述三类航空化学品的市场分销规模约为20.05亿美元，受疫情影响，同比下滑28.01%，预计2021—2027年上述三类航空化学品的复合增长率约为6%。其中，中国航空化学品分销市场2016—2019年保持逐年稳定增长，2020年受新冠疫情影响，中国航空化学品中的胶黏剂和密封胶、油漆与涂料及清洁用品三者合计的分销市场规模约为3.73亿美元，同比下滑15.80%。相信随着新冠疫情的过去，航空业恢复正常，将迎来飞机出行的旺季，航空化学品市场会逐渐恢复增长态势。

我国正积极推进C919、C929等代表的国产大飞机制造业，未来民用航空产业链国产化空间广阔。随着国家民用大飞机产业链国产化提速，未来包括航空化学品在内的航材国产化将是国产市场增长的核心驱动力，也将迎来产业发展的机遇。

2.各系统功能模块齐全

（1）协同办公系统平台

由于公司的业务不断发展，要加强协同办公平台的建设，充分考虑业务信息系统（如ERP、CRM、HR等系统）的数据集成，提供开放的数据接口，确保不同平台之间的数据集成。协同办公系统的功能模块如表4-6所示。

表4-6 协同办公系统的功能模块

协同办公子系统	功能模块介绍
信息发布平台	建立公司协同办公平台，实现公司日常办公事务的电子化、自动化管理，具体包括日常信息发布、文件管理、公文流转管理、日常办公事务等，使公司的规章制度、新闻简报、技术交流、公告事项及时传播，使公司员工能及时感知公司发展动态
沟通协作平台	建立公司内部沟通体系，包括与协同办公平台紧密联系的电子邮件系统、协同办公平台短信、手机短信、在线交流等沟通系统，使公司内部通信与信息交流快捷流畅，并且与Internet应用互通
知识协作平台	形成公司统一的知识库，通过"收""管""用"让知识创造更大的价值；能有效管理公司各类文档资料，建立以岗位、培训为中心的知识地图，实现知识的分享和有效传承；通过全文搜索打造企业内部的百度知识库
流程管理平台	流程功能包括发起流程、待办事宜、知会事宜、已办事宜、办结事宜、流程跟踪、流程分类代理、流程转发、流程监控、流程报表、流程效率分析、流程优化、流程个性化查询、主流程触发子流程、流程提醒、邮件提醒
公文管理平台	公文处理主要实现收文、发文的流转、审批、催办、督办等功能，并对文件、信息处理情况提供简单易用的实时监控机制，方便单位领导及时掌握单位工作人员的工作情况
移动办公平台	可以通过手机进行待办工作处理、发起流程、审批流程、跟踪已办流程，以及查看公司新闻、通讯录、日程，可通过iOS系统、Android系统、平板的客户端访问处理工作，实现随时随地办公的应用
二次开发平台	新一代协同办公平台，具备良好的开放性与集成性，平台技术先进，可通过配置化的形式，无代码或低代码地帮助企业根据自己的需求组合构建各种业务应用
信息集成平台	协同办公平台具备数据接口功能，能把公司原有或即将建设的业务系统（如ERP、CRM、HR等系统）数据集成到平台，并且所有集成可以通过无代码形式，配置化实现系统间集成

（2）客户关系管理（CRM）系统

随着公司业务的迅速发展，客户积累显著增加。面对这样一个日益增长的庞大客户群，第一期CRM系统无法匹配日益增长的客户群，第二期CRM系统扩建已经迫在眉睫。二期CRM系统的功能模块如表4-7所示。

表4-7　客户关系管理系统的功能模块

CRM子系统	功能模块介绍
客户资源企业化管理	客户关系管理的第一需求就是对客户资源的集中管理，包括客户信息完整管理、客户分级分类管理、客户来源管理、客户资源分配管理、客户信用管理
业务过程透视管理	公司业务过程透视管理体现在市场、销售、服务和合同执行过程的追踪四大方面，具体包括市场活动管理、销售过程管理、竞争管理、服务管理、协同工作管理、订单管理
员工管理	员工管理包括员工绩效管理、员工工作过程管理、员工目标管理、员工费用管理
分支机构协同管理	将直营分支机构和合作伙伴的业务工作统一管理，实现总部和区域之间的协同工作，及时了解和汇总分析各地分支机构销售业绩状况
CRM与ERP全面系统集成接口	CRM管理销售过程，ERP管理销售结果，两者数据都是公司管理层做决策非常重要的支撑，而只有CRM与ERP全面集成，过程的数据和结果的数据才可结合在一起，形成更加全面的数据分析来支持公司战略层面计划
量化的分析决策支持	系统可帮助决策者建立各种决策信息模型，如销售分析、市场分析、服务分析、产品分析、客户或者伙伴分析、部门或者员工分析、计划分析、预算分析等，提高决策效率，使公司面对迅速变化的市场，能够作出及时的响应

（3）西门子数字化生产系统MES

西门子MES对生产执行管理提供全面支持，包括项目管理、生产计划、生产工艺、生产追溯、物料管理、质量管理、生产监控管理、设备管理等系统集成。数字化生产系统主要功能模块如表4-8所示。

表4-8　数字化生产系统的功能模块

MES子系统	功能模块介绍
工厂建模与基础数据管理	物理建模，用户按照ISA-95标准制定的设备层次模型；逻辑建模，用户可定义工厂和线体、产品和配方、人员技能、生产能力、工艺流程、工作流程和业务逻辑，可通过事件、时间等方式触发各种流程和逻辑；基础数据管理，用户可定义工厂模型、组织机构、线体模型、设备加工能力、模具交工能力、生产计划版本、关键路径、工艺配方、生产日历、班组班次、物料、事件模型、质量缺陷库、用户角色等
作业计划管理	作业计划下发，用户可在完成作业计划的锁定后，将作业计划下发到生产线上；作业计划的查询，用户通过选择时间段、设备、机型、批次号等查询条件可以方便地查询作业计划；作业计划统计，系统对作业计划进行多维度的可视化统计分析，挖掘计划管理的瓶颈节点，满足用户的计划管理需要
生产管理	条码管理，用户可定义产品条码打印模板的样式，同时根据产品条码生成规则，对生产计划自动生成批量条码数据进行打印管理，针对生产过程中的异常补码进行单独的追溯管理；现场异常事件管理，通过移动端等方式对生产现场发生的停线等各类异常事件进行管理；不良品管理，通过移动端的方式对生产现场产生的不良品进行管理
质量管理	检验项以及标准，对质检项的质检标准进行维护；统计分析，对采集的数据进行多维度的可视分析的报表展示

续表

MES子系统	功能模块介绍
设备管理	建立设备预防维护体系，加强设备、模具点检不保养管理，及时发现设备隐患，提升设备保障能力；规范设备故障报警、维修派工、保养派工、备件领用和请求的业务流程，形成维修知识库；集成SCADA（数据采集与监视控制）系统，对设备状态和报警准确监控，实现设备OEE（设备综合效率）分析、MTTR（平均修复时间）分析、MTBF（平均无故障时间）分析管理，提升设备利用率；建立设备、模具资产管理、产能管理体系，完善设备、模具的维修、调拨、报废的管理流程，提升资产的管理透明度
物料管理	通过生产计划（看板）驱动备料，建立到机台的定额配送，对配送过程进行管理
人员管理	对车间现场人员的生产情况进行管理；对加工人员的在岗考勤、资质、作业进行管理；统计人员加工件数和工时
看板管理	提供产线和车间的可视化看板，并提供对应的硬件要求
设备集成	与设备系统集成，完成系统与设备实时通信，设备包含生产过程中使用到的生产设备与质检设备

（4）金蝶云·星空工厂ERP系统

金蝶云·星空工厂ERP系统打造三大平台建设：企业管理平台、产品运营平台和应用开发集成平台。同时，本项目分为四个层次来建设：战略决策层、公司管控层、业务运营层、技术层。展开策略是：围绕企业价值链，以战略管理层面为重点建设开端、逐步向公司管控层面展开，在实施过程中不断搭建和完善公司业务运营层面的各种应用，并通过协同工作平台及各业务系统集成为战略管理层提供跟踪、分析的数据源，最终形成整个信息系统的闭环管理。该系统主要功能模块如表4-9所示。

表4-9 金蝶云·星空工厂ERP系统的功能模块

ERP子系统	功能模块介绍
基础管理系统	基础管理由数据中心管理、许可管理、基础资料、系统管理、系统设置、业务监控、应用工具、认证方式、主界面等内容组成
销售管理	销售管理系统是对销售报价、销售订货、仓库发货、销售退货处理、客户管理、价格及折扣管理、订单管理、信用管理等功能综合运用的管理系统，通过对销售全过程进行有效控制和跟踪，实现缩短产品交货期、降低成本、提升企业经济效益的目标
采购管理	提供采购的全面解决方案，实现了在采购政策控制下的各分/子公司独立采购，统一采购、分子公司分别收货、统一与供应商结算，统一采购、分子公司分别收货、分子公司分别与供应商结算，统一采购、统一收货、统一与供应商结算、内部调拨到分子公司等多种集团采购形式
库存管理	企业日常库存管理包括与采购、销售、生产相关的出入库操作功能，以及库存管理内部的操作功能，如库存盘点、库存调拨、组装拆卸、批次管理、形态转换、保质期管理等
生产制造管理	为企业提供与制造有关的工程数据、生产订单，从生产订单、投料与领料、生产汇报到产品入库、订单结案全过程监督与控制，实现从委外申请发出至委外采购、投料、入库等全业务过程的处理和监控，实现产品数据共享与分配、跨组织领料、跨组织入库
质量管理	质量管理提供核心质量基础数据、来料检验业务流程、产品检验业务流程、工序检验业务流程、库存检验业务流程，涵盖了企业质量管理的核心基础业务，并与采购、生产、库存等业务紧密衔接，有效支撑供应链、生产制造业务，构成了面向供应链、制造企业的质量管理框架
成本管理	成本管理模块包括存货核算、产品成本核算及标准成本分析系统

（5）智能化仓储管理系统（WMS）

通过物流供应链WMS的有效支持，提供现在物流仓储的仓库区域规划、智能应用集成、仓库作业流程优化等服务。全程通过条码化、射频设备智能应用，接口集成，实现精细化、库内可视化和运输可视化管理，降低成本，提高效率。智能化仓储管理系统主要功能模块如表4-10所示。

表4-10　智能化仓储管理系统的功能模块

WMS子系统	功能模块介绍
基本资料	由商品档案、仓库档案、库位档案、作业容器、库区、编码规则、包装档案、货品类别档案等内容组成
入库管理	由供应商预约送货、到货管理、月台管理、收货管理、质量检验、上架管理等内容组成
出库管理	包括发货订单管理、发货管理、拣货、分配、包装、出库交接
库内管理	包括库存调整、盘点管理、库存移动、库存事务、库存转移、补货
调拨退货管理	由于种种原因需要对库存进行调拨或退货处理，如商品损坏、保税货物、质量检验、客户通知、应收账款等原因
射频模块	支持收货、质检、上架、拣货、分配、装箱、发货、盘点、移库、查询等都可以通过便捷式手持设备做采集输入和输出，方便在现场空间条件下快速作业
报表模块	包括入库报表、出库报表、进出存报表、库位使用报表、KPI绩效管理报表、库龄分析等

3.经济效益可行

本项目为公司经营业绩起着辅助性作用，并不直接产生经济效益，因此无法进行经济效益测算，我们仅提供本项目的募集资金使用明细。本项目总投资3 499.93万元，其中设备购置费用2 149.93万元，系统实施及维护费用934.00万元，人员薪酬及培训费416.00万元。可见，项目的实施将进一步增强公司技术实力与信息化水平，提高管理效率，节约运营成本，间接效益良好，对公司的业务拓展有较大的促进作用。项目主要经济指标如表4-11所示。

表4-11 项目主要经济指标汇总

序号	投资构成	投资额/万元	占投资额的比例
1	设备购置费用	2 149.93	61.43%
1.1	硬件设备	458.70	13.11%
1.2	软件设备	1 674.63	47.85%
1.3	办公设备	16.60	0.47%
2	系统实施及维护费用	934.00	26.69%
3	职工薪酬及培训费	416.00	11.88%
	小计	3 499.93	100.00%

四、落地情况：成功上市，稳步发展

该IPO项目已经成功过会，2022年6月在深交所上市，此次IPO融资规模达4.73亿元。根据公司公告"2022年募集资金年度存放与使用情况的专项报告"公布的内容，各募投项目均未发生变更，按计划进度实施，截至2022年12月31日，募集资金总投入1.17亿元，投资进度为24.83%。其中，信息化升级建设项目投资27.26万元，剩余募集资金在未来一年半内实施完毕。

第三节
补充流动资金类募投项目

一、建筑装饰企业IPO项目（2018年项目启动）

该公司聚焦建筑装饰工程领域，坚持为客户提供"高品质、高效率、专业化"的建筑装饰设计与施工管理服务，业务范围覆盖公共建筑装饰和住宅精装修等领域的方案设计、技术咨询、工程管理等服务。

公司所承接装饰工程的具体项目类型包括：① 以地铁、机场、博物馆、医院为代表的公共设施装饰项目，其客户主要包括政府部门和大中型国有企业等；② 以写字楼、酒店、会所、购物中心为代表的商业建筑装饰项目，其客户以商业地产开发商和运营商为主；③ 以生产厂房、车间、仓库为代表的工业建筑装饰项目，其客户主要是一般性制造企业；④ 以精装商品房为主体的住宅建筑装饰项目，其客户主要为大中型房地产公司。

在此次IPO项目中，我们通过与上市公司董事长、总经理和董秘面谈，详细地了解公司发展战略及各项业务发展现状，并结合建筑装饰行业同类上市公司，如广田、金螳螂、洪涛、建业、美芝等公司历次募投项目，制定了有针对性的项目建议书。

首先，确定公司的发展战略。公司坚持以建筑装饰为核心业务，坚持以市场为导向，以质量为根本，以效益为目标，以技术创新、制度创新、管理创新为手段，不断优化施工工法、提高研发技术水平，加强信息化建设，努力向产业链上游延伸，充分利用自身的技术、营销及管理优势，逐步形成设计标准化、部品部件工厂化、施工装配化、信息系统化、装修一体化，进一步扩大现有市场，争取成为中国一流的建筑装饰知名企业。

一是建筑工程类企业是资金密集型企业，日常工程运营资金占用非常大。随着公司经营规模的扩大，公司正常经营和持续发展所需的工程营运资金持续增多。公司主要依赖银行授信（借款、票据、保函等），此外还有部分新增股东的投入，但也仅能够满足当下业务发展的需要，未来公司业务规模扩大后，会对日常的营运资金形成较大的压力。因此，补充流动资金是工程类公司最常见的募投项目方向。

二是日常施工中公司需要大量的建筑材料和部品部件，如夹板、门窗、幕墙等，以往都是外购材料，导致运营成本降不下来，施工时效也无法保证。为此，公司通过自主研发，成功研制出专利产品，如防变形木夹板，而铝合金门窗和幕墙产品也逐渐成熟，可以实现产业化。为了优化公司现有产品结构，加大对环保新材料的开发力度，未来将延伸至产业链上游建筑装饰部品部件铝合金制品和幕墙领域。因此，部品部件生产基地项目符合公司的未来发展战略，可以作为本次募投项目方向。

三是建筑装饰企业除了施工能力是其核心竞争力，关键是设计能力，所有建筑装饰项目都是从设计图纸开始，优秀的创意设计能力能够帮助企业拿下更多的项目，加强设计师的设计能力是增强公司核心竞争力的必要举措。因此，创意设计中心项目也是公司较为合适的募投项目方向。

其次，IPO融资规模的匡算。结合公司当年（2018年）的净利润情况、近一个月行业市盈率以及发行比例25%，我们匡算了此次IPO发行的融资规模为5.73亿元左右。

项目前期，我们通过"倒金字塔"模型一步步分析研究，解决了募投项目"做什么"和"多大规模"的关键问题。因此，此次IPO募投项目的方向确定为"建筑装饰部品部件生产基地项目""创意设计中心建设项目"和"补充工程运营资金"。

由于篇幅有限，我们在这里仅展示其中一个项目——"补充工程运营资金"的执行情况。

补充流动资金类项目无须出具单独的报告，无须做细分市场分析、技术分析和经济效益分析，只要清晰地阐述补充流动资金的必要性，以及根据企业未来各业务发展的目标，测算出日常经营所需的流动资金即可。此类项目不直接产生经济效益，其对公司的作用主要是为工程施工项目补充营运资金，提升公司自有资金实力，为公司施工业务持续发展提供必要资金支持。因此，这类项目无法出具单独报告。

但是，为何要单独用一个小节来展示呢？因为补充流动资金是比较常见的募投项目。它虽然不用单独出具报告，但有一定的代表性，这里以案例的形式为大家展示一个真实的补流（补充流动资金）募投项目。

二、项目启动与准备工作

（一）项目工作计划

单纯补充流动资金，所需的工作计划比较简单。

第一步，向企业提供资料清单。

第二步，对公司董事长或总经理、项目负责人进行访谈，了解企业近三年各项业务发展情况和日常经营所需的流动资金，了解未来五年各项业务的发展战略及业绩目标。

第三步，资料和基础数据齐备，一两天就可以完成补流的财务测算，计算出未来3～5年公司日常经营所需的资金缺口。结合募集资金总额合理分配补流的比例，通常受限于总募集资金额度，计算出来的资金缺口较大，往往无法全部通过IPO或资本市场再融资的方式来筹集，只能部分通过自有资金或银行贷款等融资渠道解决。

（二）项目资料清单

由于无须出具独立的报告，本项目资料清单内容比其他项目简化很多，仅需要提供与财务测算相关的基础数据和资料。表4-12是一般补充流动资金类型项目的常规资料清单内容。

表4-12　补充流动资金类型项目资料清单表

序号	工作内容	备注说明
1	公司近三年财务报表	经审计
2	近三年工程项目合同额	
3	近三年项目投标保证金、资金占用时间、投标中标率	详见Excel表格
4	近三年项目履约保证金、资金占用时间、占总合同数比例	详见Excel表格
5	近三年项目工程周转金、资金占用时间、占总合同数比例	详见Excel表格
6	近三年项目质量保证金、资金占用时间、占总合同数比例	详见Excel表格
7	预测未来三年项目投标保证金	详见Excel表格
8	预测未来三年项目履约保证金	详见Excel表格
9	预测未来三年项目工程周转金	详见Excel表格
10	预测未来三年项目质量保证金	详见Excel表格

（三）管理层访谈提纲

补流类项目的访谈对象是公司的董事长或总经理、项目负责人，访谈内容聚焦在公司过去三年各项业务发展情况，以及未来三年公司对各项业务发展的合理预期，细化到每年每项业务的经营业绩目标。这是以过去三年的公司历史数据作为测算的基准计算出资产和负债的周转率，加上未来三五年的业务增长规模预测，计算出未来三五年公司日常经营所需的流动资金缺口。

三、补充流动资金类项目可行性分析

（一）项目的必要性

1.有利于公司扩大业务规模

建筑装饰企业属于典型的资金密集型企业，在整个工程投标到工程施工完毕的过程中，需要公司垫付保证金、工程施工垫资等，工程施工与工程结算耗时较长，对营运资金的需求较高。补充流动资金，有利于公司扩大业务规模。

2.优化公司的财务结构，保持灵活性

公司主要通过债务融资补充业务发展所需各项资金，其次是外部股权融资。2020年12月31日，公司的资产负债率（母公司）为××%，负债水平较高，且公司在临界银行续贷期间时常面临现金流紧张的情形。补充工程运营资金，可以进一步提高公司的偿债能力，增强公司的总体竞争力，具有充分的必要性。

（二）流动资金测算过程

1.测算的基础数据说明

公司主营业务收入主要为装饰工程业务收入。在项目不同阶段，通常各环节需要相应的配套资金，具体情况如表4-13所示。

表4-13 测算的基础数据说明

资金运用环节		用途	占用规模	占用期间
投标阶段	投标保证金	工程投标	工程合同金额的2%	1～2个月
合同签订后	履约保证金	合同签订后,保证工程按时保质完工	工程合同金额的2%	12个月
施工过程	工程周转金	工程款结算前支付原材料、劳务采购费用	工程合同金额的25%	平均12个月
质保期	质量保证金	质量保证、工程维护回收保证金、维护费	工程合同金额的2%～5%	工程竣工验收后2年及以上

2.工程业务营运资金占用及需求测算

（1）未来三年公司项目营运资金的预测基础

公司所需营运资金以公司2021—2023年业务量为基础进行测算。2019年、2020年,公司装饰工程业务收入增长率分别为13.09%、8.71%,处于快速发展阶段。预计募集资金到位后,公司业务仍将保持持续增长态势,2021—2023年公司装饰工程业务的收入预测如表4-14所示。

表4-14 工程业务收入预测

年度	2020年	2021年E	2022年E	2023年E
收入/万元	214 988.45	236 487.30	260 136.03	286 149.63
年增长率	—	10%	10%	10%

（2）装饰工程业务各环节营运资金的需求

根据上述各环节需要的配套资金情况，我们对装饰工程业务营运资金的测算如表4-15所示。

表4-15　按年周转率计算的营运资金测算

序号	项目	中标率	占合同金额比例	期限/月	年周转率/次
1	投标保证金	20%	2%	1.5	8
2	履约保证金		2%	12	1
3	工程周转金		25%	12	1
4	质量保证金		2%	24	0.5

① 投标保证金。根据公司的装饰工程业务项目投标经验，投标保证金一般为合同总额的2%，中标率按20%计算，平均占用期间为1～2个月（按1.5个月测算），测算过程如下。

投标保证金=合同总额（装饰工程业务收入）×2%/投标中标率/投标保证金年周转次数

投标保证金年周转次数=12/平均占用期间

按上述计算过程，2021年度、2022年度和2023年度，公司装饰工程业务所需投标保证金分别为2 956.09万元、3 251.70万元、3 576.87万元。

② 履约保证金。根据公司与银行签署的协议和公司多年项目实施经验，平均每个项目需按项目标的金额的2%～10%缴纳履约保证金，测算过程如下。

履约保证金＝合同总额（装饰工程业务收入）×2%/履约保证金年周转次数

履约保证金年周转次数＝12/平均占用期间

按上述计算过程，2021年度、2022年度和2023年度，公司装饰工程业务所需履约保证金分别为4 729.75万元、5 202.72万元、5 722.99万元。

③ 工程周转金。装饰工程业务客户一般按工程进度支付工程进度款，在收到工程进度款之前，公司需要以自有资金支付工程施工成本。根据公司以往项目实施的经验，从进场到收到工程进度款之前，工程周转金一般占合同总额的25%左右。

工程周转金按当年合同总额的25%计算，平均占用期间为12个月，测算过程如下。

工程周转金＝合同总额（装饰工程业务收入）×25%/工程周转金年周转次数

工程周转金年周转次数＝12/平均占用期间

按上述计算过程，2021年度、2022年度和2023年度，装饰工程业务所需工程周转金分别为59 121.82万元、65 034.01万元、71 537.41万元。

④ 质量保证金。按照合同约定及行业惯例，项目完工结算后业主会保留2%～5%合同金额的资金作为质量保证金。

质量保证金按当年合同总额的2%测算，平均占用期间为24个月，测算过程如下。

质量保证金＝合同总额（装饰工程业务收入）×2%/质量保证金年周转

次数

质量保证金年周转次数 =12/ 平均占用期间

按上述计算过程，2021年度、2022年度和2023年度，装饰工程业务所需质量保证金分别为9 459.49万元、10 405.44万元、11 445.99万元。

公司未来三年装饰工程业务营运资金需求预测情况如表4-16所示。

表4-16 工程业务营运资金需求预测表

序号	项目	2021年E	2022年E	2023年E
1	投标保证金	2 956.09	3 251.70	3 576.87
2	履约保证金	4 729.75	5 202.72	5 722.99
3	工程周转金	59 121.82	65 034.01	71 537.41
4	质量保证金	9 459.49	10 405.44	11 445.99
合计		76 267.15	83 893.87	92 283.26
项目营运资金净需求		71 855.00	7 626.72	8 389.39
项目营运资金净需求合计		87 871.11		
募集资金补充营运资金额		40 000.00		

四、落地情况：环境影响，上市失败

该公司因为自身财务及业务各种问题，非常遗憾，最后被否。我们陪伴企业5年时间，已经跟企业结下深厚友谊，深感企业上市准备过程中的艰辛和不容易。建筑装饰是与房地产密切相关的行业，近几年房地产整体环境较差，也深度影响了建筑装饰企业的生存及发展环境，上市也讲究天时、地利与人和，机会窗口稍纵即逝。

在这里插一个题外话，企业上市的道路是曲折的、艰辛的。我们经常说的一句俗话是："企业上市的过程就像人在火辣的太阳底下站着，身上剥了一层皮又一层皮，只有经过不断的历练洗礼，最终才能百炼成金。"笔者在募投业务咨询十来年，负责的几十个项目中大概只有1/3的企业能成功上市，2/3的企业都因为各种各样的原因无法拿到通往资本市场的通行证，无缘踏入A股的大门。上市讲究"天时、地利与人和"，"天时、地利"往往无法预测，但"人和"是企业家能把握的，打铁还需自身硬，只有苦练内功，才能胜利上岸。但上市不是终点，只是企业为实现战略目标的一个过程、一个里程碑。衷心希望我们的客户都能顺顺利利成功上市。

CHAPTER FIVE

第五章

各板块的法规要求

募投项目
实战手册

2023年2月17日，中国证监会发布全面实行股票发行注册制相关制度规则，此次发布的制度规则共165部，其中中国证监会发布的制度规则57部，证券交易所、全国股转公司、中国结算等发布的配套制度规则108部。内容涵盖发行条件、注册程序、保荐承销、重大资产重组、监管执法、投资者保护等方面。这标志着注册制的制度安排基本定型，标志着注册制推广到全市场和各类公开发行股票行为，在中国资本市场改革发展进程中具有里程碑意义。

在注册制时代下，与募投项目信息披露相关的制度规则如表5-1所示。

表5-1 各板块注册制涉及信息披露的相关制度规则

板块	发布时间	制度规则
主板	2023年2月17日	1.《公开发行证券的公司信息披露内容与格式准则第57号——招股说明书》 2.《公开发行证券的公司信息披露内容与格式准则第60号——上市公司向不特定对象发行证券募集说明书》 3.《公开发行证券的公司信息披露内容与格式准则第61号——上市公司向特定对象发行证券募集说明书和发行情况报告书》
创业板	2020年6月12日	1.《公开发行证券的公司信息披露内容与格式准则第28号——创业板公司招股说明书》 2.《公开发行证券的公司信息披露内容与格式准则第35号——创业板上市公司向不特定对象发行证券募集说明书》 3.《公开发行证券的公司信息披露内容与格式准则第36号——创业板上市公司向特定对象发行证券募集说明书和发行情况报告书》

续表

板块	发布时间	制度规则
科创板	2019年3月1日	1.《公开发行证券的公司信息披露内容与格式准则第41号——科创板公司招股说明书》
	2020年7月3日	2.《公开发行证券的公司信息披露内容与格式准则第43号——科创板上市公司向不特定对象发行证券募集说明书》
	2020年7月3日	3.《公开发行证券的公司信息披露内容与格式准则第44号——科创板上市公司向特定对象发行证券募集说明书和发行情况报告书》
北交所	2023年2月17日	1.《公开发行证券的公司信息披露内容与格式准则第46号——北京证券交易所公司招股说明书》
		2.《公开发行证券的公司信息披露内容与格式准则第48号——北京证券交易所上市公司向不特定合格投资者公开发行股票募集说明书》
		3.《公开发行证券的公司信息披露内容与格式准则第49号——北京证券交易所上市公司向特定对象发行股票募集说明书和发行情况报告书》

第一节

主板对募投项目的法规要求

2023年2月17日，中国证监会发布的关于主板上市或再融资信息披露的制度规则有：《公开发行证券的公司信息披露内容与格式准则第57号——招股说明书》《公开发行证券的公司信息披露内容与格式准则第60号——

上市公司向不特定对象发行证券募集说明书》《公开发行证券的公司信息披露内容与格式准则第61号——上市公司向特定对象发行证券募集说明书和发行情况报告书》。由于本书篇幅有限，这里仅撰写与募集资金运用相关的制度规则内容，以及对新旧法规增删改动的内容进行分析。

一、主板IPO招股说明书关于募集资金运用的制度规则

根据《公开发行证券的公司信息披露内容与格式准则第57号——招股说明书》第二章第七节"募集资金运用与未来发展规划"，分析如下。

第六十六条 发行人应披露募集资金的投向和使用管理制度，披露募集资金对发行人主营业务发展的贡献、未来经营战略的影响。（新规新增内容）

分析：新增内容更重视募投项目与未来经营战略的关系，募投项目应突出对主营业务发展的贡献和提升业绩的重要性。聚焦主业是IPO募投项目的重要方针。

发行人应结合公司主营业务、生产经营规模、财务状况、技术条件、管理能力、发展目标等情况，披露募集资金投资项目的确定依据，披露相关项目实施后是否新增构成重大不利影响的同业竞争，是否对发行人的独立性产生不利影响。

第六十七条 发行人应按照重要性原则披露募集资金运用情况，主要包括：（新规精简了原版内容）

分析：新规重视重要性原则，依照由重至轻的次序排序，最重要的是募集资金的具体用途，把可行性和必要性阐述清楚，同时募投项目应聚焦主业和核心技术，这是企业持续稳定发展的关键。首发募集资金可以用于固定资产投资、收购资产、偿还银行贷款、补充运营资金等方向。

（一）募集资金的具体用途，简要分析可行性及与发行人主要业务、核心技术之间的关系；

（二）募集资金的运用和管理安排，所筹资金不能满足预计资金使用需求的，应披露缺口部分的资金来源及落实情况；

（三）募集资金运用涉及审批、核准或备案程序的，应披露相关程序履行情况；

（四）募集资金运用涉及与他人合作的，应披露合作方基本情况、合作方式、各方权利义务关系；

（五）募集资金拟用于收购资产的，应披露拟收购资产的内容、定价情况及与发行人主营业务的关系；向实际控制人、控股股东及其关联方收购资产，对被收购资产有效益承诺的，应披露承诺效益无法完成时的补偿责任；

（六）募集资金拟用于向其他企业增资或收购其他企业股份的，应披露拟增资或收购企业的基本情况、主要经营情况及财务情况，增资资金折合股份或收购股份定价情况，增资或收购前后持股比例及控制情况，增资或收购行为与发行人业务发展规划的关系；

（七）募集资金用于偿还债务的，应披露该项债务的金额、利率、到期日、产生原因及用途，对发行人偿债能力、财务状况和财务费用的具体影响。

二、主板不定向增发募集说明书关于募集资金运用的制度规则

根据《公开发行证券的公司信息披露内容与格式准则第60号——上市公司向不特定对象发行证券募集说明书》第二章第七节"本次募集资金运用"，分析如下。

第五十九条 董事会关于本次募集资金使用的可行性分析包括：

（一）本次募集资金投资项目的基本情况和经营前景，与现有业务或发展战略的关系，项目的实施准备和进展情况，预计实施时间，整体进度安排，发行人的实施能力及资金缺口的解决方式；

（二）募投项目效益预测的假设条件及主要计算过程；

（三）科创板上市公司应披露本次募集资金投资于科技创新领域的说明，以及募投项目实施促进公司科技创新水平提升的方式；（新规新增内容）

分析：随着科创板的出现，新增了科创板对于科技属性的说明，募投项目也应体现科技创新能力提升，技术改造项目将是科创板募投项目的主要方向。

（四）本次募集资金投资项目涉及立项、土地、环保等有关审批、批准或备案事项的进展、尚需履行的程序及是否存在重大不确定性。

第六十条 募集资金用于扩大既有业务的，发行人应披露既有业务的发

展概况，并结合市场需求及未来发展预期说明扩大业务规模的必要性，新增产能规模的合理性。

募集资金用于拓展新业务的，发行人应结合公司发展战略及项目实施前景，说明拓展新业务的考虑以及未来新业务与既有业务的发展安排，新业务在人员、技术、市场等方面的储备及可行性。（新规新增内容）

分析：募集资金用于拓展新业务，强调与公司未来发展战略的匹配性，新增业务应在公司所在产业链上。如果公司原来是上游生产商，可以延伸到中游或下游产业链；如果公司处于中下游产业链，可以拓展到上游产业链。募投项目的实施是为了整合产业链，发挥一体化竞争优势。同时，关注新业务在人员、技术和市场上的储备能力。

第六十一条 募集资金用于研发投入的，发行人应披露研发投入的主要内容、技术可行性、研发预算及时间安排、目前研发投入及进展、预计未来研发费用资本化情况、已取得及预计取得的研发成果等。

第六十二条 募集资金用于补充流动资金、偿还债务的，发行人应结合公司经营情况，说明本次融资的原因及融资规模的合理性。

第六十三条 募集资金用于对外投资或合作经营的，发行人应披露：

（一）合资或合作方的基本情况，包括名称、法定代表人、住所、注册资本、主要股东、主要业务，与发行人是否存在关联关系，投资规模及各方投资比例，合资或合作方的出资方式，合资协议的主要条款以及可能对发行人不利的条款；

（二）拟组建的企业法人的基本情况，包括设立、注册资本、主要业

213

务，组织管理和发行人对其的控制情况。

第六十四条 本次募集资金用于收购资产的，发行人应披露以下内容：（与原版相比有删改）

（一）标的资产的基本情况；

（二）附生效条件的资产转让合同的内容摘要；

（三）资产定价方式及定价结果合理性的讨论与分析。

分析：募集资金用于收购资产的披露内容，与原版相比，删除了"拟收购资产与发行人主营业务的关系"的披露。以前上市公司收购资产一般是横向收购，就是同行业之间的收购，俗称"大吃小"，或者纵向收购，即同一个产业链上下游的收购，为了弥补公司的产业链短板，俗称"一条龙通吃"。现在没有要求披露与主营业务的关系，可以认为给跨行业的收购提供了可能性。

第六十五条 收购的资产为非股权资产的，标的资产的基本情况包括：

（一）相关资产的名称、所有者、主要用途及其技术水平；

（二）资产权属是否清晰，是否存在权利受限、权属争议或者妨碍权属转移的其他情况；

（三）相关资产独立运营的，应披露其最近一年一期的业务发展情况和经审计的财务信息摘要，分析主要财务指标状况及发展趋势。

第六十六条 收购的资产为其他企业股权的（含增资方式收购），标的资产的基本情况包括：

（一）股权所在公司的名称、企业性质、注册地、主要办公地点、法定代表人、注册资本；股权及控制关系，包括公司的主要股东及其持股比例、股东出资协议及公司章程中可能对本次交易产生影响的主要内容以及原董事、监事、高级管理人员的安排；

（二）本次收购或增资的背景和目的；

（三）股权所在公司重要经营性资产的权属状况、主要负债内容、对外担保以及重要专利或关键技术的纠纷情况；对于科创板上市公司，应披露股权所在公司的科技创新水平；

（四）股权所在公司最近一年一期的业务发展情况和经审计的财务信息摘要，分析主要财务指标状况及发展趋势；

（五）本次收购完成后是否可能导致股权所在公司的现有管理团队、其他核心人员、主要客户及供应商、公司发展战略等产生重大变化。

第六十七条 附生效条件的资产转让合同的内容摘要包括：

（一）目标资产及其价格或定价依据；

（二）资产交付或过户时间安排；

（三）资产自评估截止日至资产交付日所产生收益的归属；

（四）与资产相关的人员安排。

第六十八条 资产定价合理性的讨论与分析包括：

（一）资产交易价格以资产评估结果作为定价依据的，发行人应披露董事会就评估机构的独立性、评估假设前提的合理性、评估方法与评估目的的相关性以及评估定价的公允性所发表的意见；

（二）采取收益现值法等基于未来收益预期的方法对拟购买资产进行评

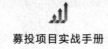

估，且评估结果与经审计的账面值存在显著差异的，发行人应披露董事会就评估机构对增长期、收入增长率、毛利率、费用率、折现率等关键评估参数的选取依据及上述参数合理性所发表的意见；

（三）资产交易价格不以资产评估结果作为定价依据的，发行人应披露董事会就收购定价的过程、定价方法的合理性及定价结果的公允性所发表的意见。收购价格与评估报告结果存在显著差异的，发行人应分析差异的原因，并说明收购价格是否可能损害上市公司及其中小股东的利益。

第六十九条 本次收购的资产在最近三年曾进行过评估或交易的，发行人应披露评估的目的、方法及结果，以及交易双方的名称、定价依据及交易价格。交易未达成的，也应披露上述信息。

第七十条 资产出让方存在业绩承诺的，发行人应披露业绩承诺的金额、业绩口径及计算方法、补偿保障措施及保障措施的可行性。

第七十一条 本次收购预计形成较大金额商誉的，发行人应说明本次收购产生的协同效应以及能够从协同效应中受益的资产组或资产组组合。发行人应同时说明预计形成商誉的金额及其确定方法，形成大额商誉的合理性以及该商誉对未来经营业绩的影响。

如本次收购的购买对价或盈利预测中包含已作出承诺的重要事项的，应披露该承诺事项的具体内容、预计发生时间及其对未来现金流的影响。

再融资募集说明书不仅要披露本次的募集资金运用情况，还要披露历次募集资金情况。第二章第八节"历次募集资金运用"规定如下。

第七十二条 发行人应披露最近五年内募集资金运用的基本情况，包括实际募集资金金额、募投项目及其变更情况、资金投入进度及效益等。

第七十三条 前次募集资金用途发生变更或项目延期的，发行人应披露变更或延期的原因、内容、履行的决策程序，及其实施进展和效益。科创板上市公司还应说明变更后募投项目是否属于科技创新领域。

第七十四条 科创板上市公司应披露前次募集资金使用对发行人科技创新的作用。

第七十五条 发行人应披露会计师事务所对前次募集资金运用所出具的报告结论。

三、主板定向增发募集说明书关于募集资金运用的制度规则

根据《公开发行证券的公司信息披露内容与格式准则第61号——上市公司向特定对象发行证券募集说明书和发行情况报告书》，关于募集资金运用的要求如下。

第十二条 董事会关于本次募集资金使用的可行性分析包括：

（一）本次募集资金投资项目的基本情况和经营前景，与现有业务或发展战略的关系，项目的实施准备和进展情况，预计实施时间，整体进度安排，发行人的实施能力及资金缺口的解决方式；

（二）募投项目效益预测的假设条件及主要计算过程；

（三）本次募集资金投资项目涉及立项、土地、环保等有关审批、批准或备案事项的进展、尚需履行的程序及是否存在重大不确定性；

（四）募集资金用于扩大既有业务的，发行人应披露既有业务的发展概况，并结合市场需求及未来发展预期说明扩大业务规模的必要性，新增产能规模的合理性；募集资金用于拓展新业务的，发行人应结合公司发展战略及项目实施前景，披露拓展新业务的考虑以及未来新业务与既有业务的发展安排，新业务在人员、技术、市场等方面的储备及可行性；（新规改动内容）

分析：原版内容为"募集资金用于扩大现有产品产能的，发行人应结合现有各类产品在报告期内的产能、产量、销量、产销率、销售区域，项目达产后各类产品新增的产能、产量，以及本行业的发展趋势、有关产品的市场容量、主要竞争对手等情况对项目的市场前景进行详细的分析论证""募集资金用于新产品开发生产的，发行人应结合新产品的市场容量、主要竞争对手、行业发展趋势、技术保障、项目投产后新增产能情况，对项目的市场前景进行详细的分析论证"。旧规重点关注募投项目与市场和行业发展趋势的匹配性，而新规除了关注市场前景，更关注募投项目与公司未来发展战略的匹配性。

（五）募集资金用于研发投入的，发行人应披露研发投入的主要内容、技术可行性、研发预算及时间安排、目前研发投入及进展、预计未来研发费用资本化的情况、已取得及预计取得的研发成果等；

（六）募集资金用于补充流动资金、偿还债务的，发行人应结合公司经营情况，说明本次融资的原因及融资规模的合理性；

（七）科创板上市公司应披露本次募集资金投资于科技创新领域的主营

业务的说明，以及募投项目实施促进公司科技创新水平提升的方式。（新规新增内容）

分析：随着科创板的出现，新增了科创板对于科技属性的说明，募投项目也应体现科技创新能力提升，技术改造项目将是科创板募投项目的主要方向。

第十三条 募集资金用于对外投资或合作经营的，发行人应披露：

（一）合资或合作方的基本情况，包括名称、法定代表人、住所、注册资本、主要股东、主要业务，与发行人是否存在关联关系，投资规模及各方投资比例，合资或合作方的出资方式，合资协议的主要条款以及可能对发行人不利的条款；

（二）拟组建的企业法人的基本情况，包括设立、注册资本、主要业务、组织管理和发行人对其的控制情况。

第十四条 本次募集资金收购资产的有关情况包括：

（一）标的资产的基本情况；

（二）附生效条件的资产转让合同的内容摘要；

（三）董事会关于资产定价方式及定价结果合理性的讨论与分析。

第十五条 本次募集资金收购非股权资产的，标的资产的基本情况包括：

（一）相关资产的名称、所有者、主要用途及其技术水平；

（二）资产权属是否清晰，是否存在权利受限、权属争议或者妨碍权属转移的其他情况；

（三）相关资产独立运营的，应披露其最近一年一期的业务发展情况和经审计的财务信息摘要，分析主要财务指标状况及发展趋势。

第十六条 募集资金收购其他企业股权的（含增资方式收购），标的资产的基本情况包括：

（一）股权所在公司的名称、企业性质、注册地、主要办公地点、法定代表人、注册资本；股权及控制关系，包括公司的主要股东及其持股比例、股东出资协议及公司章程中可能对本次交易产生影响的主要内容以及原董事、监事、高级管理人员的安排；

（二）本次增资或收购的背景和目的；

（三）股权所在公司重要经营性资产的权属状况、主要负债内容、对外担保以及重要专利或关键技术的纠纷情况；对于科创板上市公司，应披露股权所在公司的科技创新水平；

（四）股权所在公司最近一年一期的业务发展情况和经审计的财务信息摘要，分析主要财务指标状况及发展趋势；

（五）本次收购完成后是否可能导致股权所在公司的现有管理团队、核心技术人员、主要客户及供应商、公司发展战略等产生重大变化。

第二十三条 发行人应披露最近五年内募集资金运用的基本情况，包括实际募集资金金额、募投项目及其变更情况、资金投入进度及效益等。

前次募集资金用途发生变更或项目延期的，发行人应披露原因、内容、履行的决策程序及其实施进展和效益。科创板上市公司还应说明变更后募投项目是否属于科技创新领域。（新规新增内容）

分析：科创板出台后，无论是本次募投项目还是历次募投项目，都要披露关于科技创新能力的内容。

科创板上市公司应披露前次募集资金使用对发行人科技创新的作用。（新规新增内容）

发行人应披露会计师事务所对前次募集资金运用所出具的报告结论。

第二节
创业板对募投项目的法规要求

2020年6月12日，中国证监会发布的关于创业板上市或再融资信息披露的制度规则有：《公开发行证券的公司信息披露内容与格式准则第28号——创业板公司招股说明书》《公开发行证券的公司信息披露内容与格式准则第35号——创业板上市公司向不特定对象发行证券募集说明书》《公开发行证券的公司信息披露内容与格式准则第36号——创业板上市公司向特定对象发行证券募集说明书和发行情况报告书》。由于本书篇幅有限，这里仅撰写与募集资金运用相关的制度规则内容，以及对新旧法规对比增删改动的内容进行分析。

一、创业板IPO招股说明书关于募集资金运用的制度规则

根据《公开发行证券的公司信息披露内容与格式准则第28号——创业

板公司招股说明书》第二章第九节"募集资金运用与未来发展规划",分析如下。

第八十三条 发行人应结合公司现有主营业务、生产经营规模、财务状况、技术条件、管理能力、发展目标合理确定募集资金投资项目,相关项目实施后不新增构成重大不利影响的同业竞争,对发行人的独立性不产生不利影响。

发行人应当披露募集资金的投向和使用管理制度,披露募集资金对发行人主营业务发展的贡献、对发行人未来经营战略的影响、对发行人业务创新创造创意性的支持作用。(新规新增内容)

分析:新增内容更重视募投项目与未来经营战略的关系,募投项目应突出对主营业务发展的贡献和提升业绩的重要性。创业板关注科技创新属性,更注重募投项目对发行人创新性的支持作用。聚焦主业是IPO募投项目的重要方针,技术改造项目和研发中心项目是募投项目的主要方向。

第八十四条 发行人应列表简要披露募集资金的投资方向、使用安排等情况。

第八十五条 发行人应根据重要性原则披露募集资金运用情况:

(一)募集资金的具体用途,简要分析募集资金具体用途的可行性及其与发行人现有主要业务、核心技术之间的关系。

(二)投资概算情况。发行人所筹资金如不能满足预计资金使用需求的,应说明缺口部分的资金来源及落实情况;如所筹资金超过预计资金使用需求的,应说明相关资金在运用和管理上的安排。

（三）募集资金具体用途所需的时间周期和时间进度。

（四）募集资金运用涉及履行审批、核准或备案程序的，应披露相关的履行情况。

（五）募集资金运用涉及环保问题的，应披露可能存在的环保问题、采取的措施及资金投入情况。

（六）募集资金运用涉及新取得土地或房产的，应披露取得方式、进展情况及未能如期取得对募集资金具体用途的影响。

（七）募集资金运用涉及与他人合作的，应披露合作方基本情况、合作方式、各方权利义务关系。

（八）募集资金向实际控制人、控股股东及其关联方收购资产，如果对被收购资产有效益承诺的，应披露效益无法完成时的补偿责任。

二、创业板不定向增发募集说明书关于募集资金运用的制度规则

根据《公开发行证券的公司信息披露内容与格式准则第35号——创业板上市公司向不特定对象发行证券募集说明书》第二章第七节"本次募集资金运用"，分析如下。

第五十三条 发行人应披露募投项目的基本信息，包括：

（一）本次募集资金投资项目的基本情况和经营前景，与现有业务或发展战略的关系，项目的实施准备和进展情况，预计实施时间，整体进度安排，发行人的实施能力及资金缺口的解决方式；（新规改动内容）

分析：改动内容更重视募投项目与未来经营战略的关系，募投项目应突出对主营业务发展的贡献和提升业绩的重要性。

（二）募投项目效益预测的假设条件及主要计算过程；

（三）本次募集资金投资项目涉及立项、土地、环保等有关审批、批准或备案事项的进展、尚需履行的程序及是否存在重大不确定性。

第五十四条 募集资金用于扩大既有业务的，发行人应披露既有业务的发展概况，并结合市场需求及未来发展预期说明扩大业务规模的必要性。

募集资金用于拓展新业务的，发行人应结合公司发展战略及项目实施前景，并说明拓展新业务的考虑以及未来新业务与既有业务的发展安排。（新规新增内容）

分析：募集资金用于拓展新业务，强调与公司未来发展战略的匹配性，新增业务应在公司所在产业链上。募投项目的实施为了整合产业链，发挥一体化竞争优势。

第五十五条 募集资金用于研发投入的，披露研发投入的主要内容、技术可行性、研发预算及时间安排、目前研发投入及进展、已取得及预计取得的研发成果等。

第五十六条 募集资金用于对外投资或合作经营的，发行人应披露：

（一）合资或合作方的基本情况，包括名称、法定代表人、住所、注册资本、主要股东、主要业务，与发行人是否存在关联关系；投资规模及各方投资比例；合资或合作方的出资方式；合资协议的主要条款以及可能对发行人不利的条款；

（二）拟组建的企业法人的基本情况，包括设立、注册资本、主要业务；组织管理和发行人对其的控制情况。

第五十七条 募集资金用于收购资产的，发行人应披露：

（一）相关资产的名称、所有者、主要用途；

（二）本次收购的背景和目的；

（三）资产权属是否清晰，是否存在权利受限、权属争议或者妨碍权属转移的其他情况；

（四）相关资产独立运营的，披露其最近一年一期的业务发展情况和经审计的财务信息摘要，分析主要财务指标状况及发展趋势。

第五十八条 募集资金拟用于向其他企业增资或收购其他企业股权的，发行人应披露：

（一）股权所在公司的名称、企业性质、注册地、主要办公地点、法定代表人、注册资本；股权及控制关系，包括公司的主要股东及其持股比例、股东出资协议及公司章程中可能对本次交易产生影响的主要内容，以及原董事、监事、高级管理人员的安排；

（二）本次增资或收购的背景和目的；

（三）股权所在公司重要经营性资产的权属状况、主要负债内容、对外担保以及重要专利或关键技术的纠纷情况；

（四）股权所在公司最近一年一期的业务发展情况和经审计的财务信息摘要，分析主要财务指标状况及发展趋势；

（五）本次收购完成后是否可能导致股权所在公司的现有管理团队、其他核心人员、主要客户及供应商、公司发展战略等产生重大变化。

第五十九条 募集资金用于收购资产或股权的，发行人应披露关于资产定价合理性的讨论与分析，包括：

资产交易价格以资产评估结果作为定价依据的，董事会应就评估机构的独立性、评估假设前提的合理性、评估方法与评估目的的相关性以及评估定价的公允性发表意见。采取收益现值法等基于未来收益预期的方法对拟购买资产进行评估，且评估结果与经审计的账面值存在显著差异的，还应包括评估机构对增长期、收入增长率、毛利率、费用率、折现率等关键评估参数的选取依据及对上述参数合理性的说明。

资产交易价格不以资产评估结果作为定价依据的，董事会应具体说明收购定价的过程、定价方法的合理性及定价结果的公允性。收购价格与评估报告结果存在显著差异的，上市公司应就差异的原因进行分析，并就收购价格是否可能损害上市公司及其中小股东的利益进行说明。

第六十条 资产出让方存在业绩承诺的，发行人应披露业绩承诺的金额、业绩口径及计算方法、补偿保障措施及保障措施的可行性。

第六十一条 本次拟收购的资产在最近三年曾进行过评估或交易的，发行人应披露评估的目的、方法及结果，以及交易双方的名称、定价依据及交易价格。交易未达成的，也应披露上述信息。

第六十二条 本次收购预计形成较大金额商誉的，发行人应说明本次收购产生的协同效应以及能够从协同效应中受益的资产组或资产组组合。发行人应同时说明预计形成商誉的金额及其确定方法，形成大额商誉的合理性以及该商誉对未来经营业绩的影响。

如本次收购的购买对价或盈利预测中包含已作出承诺的重要事项的，应披露该承诺事项的具体内容、预计发生时间及其对未来现金流的影响。

再融资募集说明书不仅要披露本次的募集资金运用情况，还要披露历次募集资金情况。第二章第八节"历次募集资金运用"规定如下。

第六十三条　发行人应披露最近五年内募集资金运用的基本情况，包括实际募集资金金额、募投项目及其变更情况、资金投入进度及效益等。

第六十四条　前次募集资金用途发生变更的，发行人应披露变更的原因、内容、变更后募投项目的实施进展及效益。

第六十五条　发行人应披露会计师事务所对前次募集资金运用所出具的报告结论。

三、创业板定向增发募集说明书关于募集资金运用的制度规则

根据《公开发行证券的公司信息披露内容与格式准则第36号——创业板上市公司向特定对象发行证券募集说明书和发行情况报告书》，关于募集资金运用的要求如下。

第十一条　董事会关于本次募集资金使用的可行性分析应当包括以下内容：

（一）本次募集资金投资项目的基本情况和经营前景，与现有业务或发展战略的关系，项目的实施准备和进展情况，预计实施时间，整体进度安

排，发行人的实施能力及资金缺口的解决方式；（新规改动内容）

分析：改动内容更重视募投项目与未来经营战略的关系，募投项目应突出对主营业务发展的贡献和提升业绩的重要性。

（二）本次募集资金投资项目涉及立项、土地、环保等有关审批、批准或备案事项的进展、尚需履行的程序及是否存在重大不确定性；

（三）募集资金用于研发投入的，披露研发投入的主要内容、技术可行性、研发预算及时间安排、目前研发投入及进展、预计未来研发费用资本化的情况、已取得及预计取得的研发成果等。（新规改动内容）

分析：强调研发费用资本化还是费用化的分析，让研发费用投入更有针对性，研发中心不能是凑项目的项目，要有实在的研发成果，如专利产品、专利技术等。

第十二条 本次募集资金收购资产的有关情况应当包括以下内容：

（一）标的资产的基本情况；

（二）附生效条件的资产转让合同的内容摘要；

（三）董事会关于资产定价方式及定价结果合理性的讨论与分析。

第十三条 通过本次发行拟进入的资产为非股权资产的，标的资产的基本情况包括：

（一）相关资产的名称、所有者、主要用途；

（二）资产权属是否清晰，是否存在权利受限、权属争议或者妨碍权属转移的其他情况；

（三）相关资产独立运营的，披露其最近一年一期的业务发展情况和经审计的财务信息摘要，分析主要财务指标状况及发展趋势。

第十四条 通过本次发行拟进入的资产为股权的，标的资产的基本情况包括：

（一）股权所在公司的名称、企业性质、注册地、主要办公地点、法定代表人、注册资本；股权及控制关系，包括公司的主要股东及其持股比例、股东出资协议及公司章程中可能对本次交易产生影响的主要内容以及原董事、监事、高级管理人员的安排；

（二）股权所在公司重要经营性资产的权属状况、主要负债内容、对外担保以及重要专利或关键技术的纠纷情况；

（三）股权所在公司最近一年一期的业务发展情况和经审计的财务信息摘要，分析主要财务指标状况及发展趋势；

（四）本次收购完成后是否可能导致股权所在公司的现有管理团队、核心技术人员、主要客户及供应商、公司发展战略等产生重大变化。

第三节
科创板对募投项目的法规要求

2019年3月1日中国证监会发布的关于科创板上市信息披露的制度规则有《公开发行证券的公司信息披露内容与格式准则第41号——科创板公司招股说明书》、2020年7月3日中国证监会发布的关于科创板再融资信息披露的制度规则有《公开发行证券的公司信息披露内容与格式准则第43号——科创板上市公司向不特定对象发行证券募集说明书》《公开发行证券的公司信息披露内容与格式准则第44号——科创板上市公司向特定对象发行证券募集说明书和发行情况报告书》。2019年科创板一开始就是注册制的试点，科创板注册制试点的成功奠定了各个板块注册制制度规则的基础。由于本书篇幅有限，这里仅撰写与募集资金运用相关的制度规则内容。

一、科创板IPO招股说明书关于募集资金运用的制度规则

根据《公开发行证券的公司信息披露内容与格式准则第41号——科创板公司招股说明书》第二章第九节"募集资金运用与未来发展规划"，相关规定如下。

第八十三条 发行人应结合公司现有主营业务、生产经营规模、财务状况、技术条件、管理能力、发展目标合理确定募集资金投资项目，相关项目实施后不新增同业竞争，对发行人的独立性不产生不利影响。

发行人应披露其募集资金使用管理制度，以及募集资金重点投向科技创新领域的具体安排。

第八十四条 发行人应列表简要披露募集资金的投资方向、使用安排等情况。

第八十五条 发行人应根据重要性原则披露募集资金运用情况：

（一）募集资金的具体用途，简要分析募集资金具体用途的可行性及其

与发行人现有主要业务、核心技术之间的关系。

（二）投资概算情况。发行人所筹资金如不能满足预计资金使用需求的，应说明缺口部分的资金来源及落实情况；如所筹资金超过预计资金使用需求的，应说明相关资金在运用和管理上的安排。

（三）募集资金具体用途所需的时间周期和时间进度。

（四）募集资金运用涉及履行审批、核准或备案程序的，应披露相关的履行情况。

（五）募集资金运用涉及环保问题的，应披露可能存在的环保问题、采取的措施及资金投入情况。

（六）募集资金运用涉及新取得土地或房产的，应披露取得方式、进展情况及未能如期取得对募集资金具体用途的影响。

（七）募集资金运用涉及与他人合作的，应披露合作方基本情况、合作方式、各方权利义务关系。

（八）募集资金向实际控制人、控股股东及其关联方收购资产，如果对被收购资产有效益承诺的，应披露效益无法完成时的补偿责任。

第八十六条　募集资金用于研发投入、科技创新、新产品开发生产的，应披露其具体安排及其与发行人现有主要业务、核心技术之间的关系。

二、科创板不定向增发募集说明书关于募集资金运用的制度规则

根据《公开发行证券的公司信息披露内容与格式准则第43号——科创

板上市公司向不特定对象发行证券募集说明书》第二章第七节"本次募集资金运用",分析如下。

第五十四条 发行人应披露募投项目的基本信息,包括:

(一)本次募集资金投资项目的基本情况和经营前景,与现有业务或发展战略的关系,项目的实施准备和进展情况,预计实施时间,整体进度安排,发行人的实施能力及资金缺口的解决方式;

(二)募投项目效益预测的假设条件及主要计算过程;

(三)本次募集资金投资于科技创新领域的说明,以及募投项目实施促进公司科技创新水平提升的方式;

分析:由于科创板的科技创新属性定位,募投项目也应突出科技创新能力的提升,新产品的研发与生产、技术提升与工艺改造、研发创新平台是科创板募投项目的主要方向。

(四)本次募集资金投资项目涉及立项、土地、环保等有关审批、批准或备案事项的进展、尚需履行的程序及是否存在重大不确定性。

第五十五条 募集资金用于扩大既有业务的,发行人应披露既有业务的发展概况,并结合市场需求及未来发展预期说明扩大业务规模的必要性。

募集资金用于拓展新业务的,发行人应结合公司发展战略及项目实施前景,并说明拓展新业务的考虑以及未来新业务与既有业务的发展安排。

第五十六条 募集资金用于研发投入的,披露研发投入的主要内容、技术可行性、研发预算及时间安排、目前研发投入及进展、已取得及预计取得的研发成果等。

第五十七条 募集资金用于对外投资或合作经营的，发行人应披露：

（一）合资或合作方的基本情况，包括名称、法定代表人、住所、注册资本、主要股东、主要业务，与发行人是否存在关联关系；投资规模及各方投资比例；合资或合作方的出资方式；合资协议的主要条款以及可能对发行人不利的条款；

（二）拟组建的企业法人的基本情况，包括设立、注册资本、主要业务；组织管理和发行人对其的控制情况。

第五十八条 募集资金用于收购资产的，发行人应披露：

（一）相关资产的名称、所有者、主要用途及其技术水平；

（二）本次收购的背景和目的；

（三）资产权属是否清晰，是否存在权利受限、权属争议或者妨碍权属转移的其他情况；

（四）相关资产独立运营的，披露其最近一年一期的业务发展情况和经审计的财务信息摘要，分析主要财务指标状况及发展趋势。

第五十九条 募集资金拟用于向其他企业增资或收购其他企业股权的，发行人应披露：

（一）股权所在公司的名称、企业性质、注册地、主要办公地点、法定代表人、注册资本；股权及控制关系，包括公司的主要股东及其持股比例、股东出资协议及公司章程中可能对本次交易产生影响的主要内容以及原董事、监事、高级管理人员的安排；

（二）本次增资或收购的背景和目的；

（三）股权所在公司的科技创新水平，重要经营性资产的权属状况、主要负债内容、对外担保以及重要专利或关键技术的纠纷情况；

（四）股权所在公司最近一年一期的业务发展情况和经审计的财务信息摘要，分析主要财务指标状况及发展趋势；

（五）本次收购完成后是否可能导致股权所在公司的现有管理团队、其他核心人员、主要客户及供应商、公司发展战略等产生重大变化。

第六十条 募集资金用于收购资产或股权的，发行人应披露关于资产定价合理性的讨论与分析，包括：

资产交易价格以资产评估结果作为定价依据的，董事会应就评估机构的独立性、评估假设前提的合理性、评估方法与评估目的的相关性以及评估定价的公允性发表意见。采取收益现值法等基于未来收益预期的方法对拟购买资产进行评估，且评估结果与经审计的账面值存在显著差异的，还应包括评估机构对增长期、收入增长率、毛利率、费用率、折现率等关键评估参数的选取依据及对上述参数合理性的说明。

资产交易价格不以资产评估结果作为定价依据的，董事会应具体说明收购定价的过程、定价方法的合理性及定价结果的公允性。收购价格与评估报告结果存在显著差异的，上市公司应就差异的原因进行分析，并就收购价格是否可能损害上市公司及其中小股东的利益进行说明。

第六十一条 资产出让方存在业绩承诺的，发行人应披露业绩承诺的金额、业绩口径及计算方法、补偿保障措施及保障措施的可行性。

第六十二条 本次拟收购的资产在最近三年曾进行过评估或交易的，发行人应披露评估的目的、方法及结果，以及交易双方的名称、定价依据及交易价格。交易未达成的，也应披露上述信息。

第六十三条 本次收购预计形成较大金额商誉的，发行人应说明本次收购产生的协同效应以及能够从协同效应中受益的资产组或资产组组合。发行人应同时说明预计形成商誉的金额及其确定方法，形成大额商誉的合理性以及该商誉对未来经营业绩的影响。

如本次收购的购买对价或盈利预测中包含已作出承诺的重要事项的，应披露该承诺事项的具体内容、预计发生时间及其对未来现金流的影响。

再融资募集说明书不仅要披露本次的募集资金运用情况，还要披露历次募集资金情况。第二章第八节"历次募集资金运用"规定如下。

第六十四条 发行人应披露最近五年内募集资金运用的基本情况，包括实际募集资金金额、募投项目及其变更情况、资金投入进度及效益等。

第六十五条 前次募集资金用途发生变更的，发行人应披露变更的原因、内容、变更后募投项目是否属于科技创新领域，及其实施进展和效益。

分析：科创板的募投项目变更也要强调变更项目为科技创新领域，保证科创板的科技创新属性。

第六十六条 发行人应披露前次募集资金使用对发行人科技创新的作用。

第六十七条 发行人应披露会计师事务所对前次募集资金运用所出具的报告结论。

三、科创板定向增发募集说明书关于募集资金运用的制度规则

根据《公开发行证券的公司信息披露内容与格式准则第44号——科创板上市公司向特定对象发行证券募集说明书和发行情况报告书》，关于募集资金运用的要求如下。

第十一条 董事会关于本次募集资金使用的可行性分析应当包括以下内容：

（一）本次募集资金投资项目的基本情况和经营前景，与现有业务或发展战略的关系，项目的实施准备和进展情况，预计实施时间，整体进度安排，发行人的实施能力及资金缺口的解决方式；

（二）本次募集资金投资于科技创新领域的主营业务的说明，以及募投项目实施促进公司科技创新水平提升的方式；

分析：由于科创板的科技创新属性定位，募投项目也应突出科技创新能力的提升，新产品的研发与生产、技术提升与工艺改造、研发创新平台是科创板募投项目的主要方向。

（三）本次募集资金投资项目涉及立项、土地、环保等有关审批、批准或备案事项的进展、尚需履行的程序及是否存在重大不确定性；

（四）募集资金用于研发投入的，披露研发投入的主要内容、技术可行性、研发预算及时间安排、目前研发投入及进展、预计未来研发费用资本化的情况、已取得及预计取得的研发成果等。

分析：强调研发费用资本化还是费用化的分析，让研发费用投入更有针对性，研发中心不能是凑数量的项目，要有实在的研发成果，如专利产品、专利技术等。

第十二条 本次募集资金收购资产的有关情况应当包括以下内容：

（一）标的资产的基本情况；

（二）附生效条件的资产转让合同的内容摘要；

（三）董事会关于资产定价方式及定价结果合理性的讨论与分析。

第十三条 通过本次发行拟进入的资产为非股权资产的，标的资产的基本情况包括：

（一）相关资产的名称、所有者、主要用途及其技术水平；

（二）资产权属是否清晰，是否存在权利受限、权属争议或者妨碍权属转移的其他情况；

（三）相关资产独立运营的，披露其最近一年一期的业务发展情况和经审计的财务信息摘要，分析主要财务指标状况及发展趋势。

第十四条 通过本次发行拟进入的资产为股权的，标的资产的基本情况包括：

（一）股权所在公司的名称、企业性质、注册地、主要办公地点、法定代表人、注册资本；股权及控制关系，包括公司的主要股东及其持股比例、股东出资协议及公司章程中可能对本次交易产生影响的主要内容以及原董事、监事、高级管理人员的安排；

（二）股权所在公司的科技创新水平，重要经营性资产的权属状况、主要负债内容、对外担保以及重要专利或关键技术的纠纷情况；

（三）股权所在公司最近一年一期的业务发展情况和经审计的财务信息摘要，分析主要财务指标状况及发展趋势；

（四）本次收购完成后是否可能导致股权所在公司的现有管理团队、核心技术人员、主要客户及供应商、公司发展战略等产生重大变化。

第四节
北交所对募投项目的法规要求

2023年2月17日，中国证监会发布的关于主板上市或再融资信息披露的制度规则有：《公开发行证券的公司信息披露内容与格式准则第46号——北京证券交易所公司招股说明书》《公开发行证券的公司信息披露内容与格式准则第48号——北京证券交易所上市公司向不特定合格投资者公开发行股票募集说明书》《公开发行证券的公司信息披露内容与格式准则第49号——北京证券交易所上市公司向特定对象发行股票募集说明书和发行情况报告书》。北京证券交易所于2021年9月3日注册成立，随后接收新三板精选层公司转板，并逐渐建立了创新层申报北交所的审核标准和方法。在科创板注册制成功试点后，北交所设立开始就是采取注册制。由于本书篇幅有限，这里仅撰写与募集资金运用相关的制度规则内容。

一、北交所IPO招股说明书关于募集资金运用的制度规则

根据《公开发行证券的公司信息披露内容与格式准则第46号——北京证券交易所公司招股说明书》第二章第九节"募集资金运用",分析如下。

分析:北交所关于募集资金运用的制度规则借鉴了主板的内容,但大幅精简了要披露的内容。北交所的定位面向"专精特新"中小型企业,从新三板池中精选而来,这些企业具有"专业化、精细化、特色化、新颖化"四个优势。过去我们都是用规模、增速等来衡量一个企业,而对于"专精特新"中小企业来说,规模、增速等都不是最关键的,最重要的是需要看这些企业是否可以依靠自身的能力、技术在某一领域占据一定的优势,鼓励细分领域具有优势的企业在北交所上市。

第七十六条 发行人应当结合公司现有主营业务、生产经营规模、财务状况、技术条件、管理能力、发展目标合理确定本次发行募集资金用途和规模。发行人应当披露募集资金的具体用途和使用安排、募集资金管理制度、专户存储安排等情况。

第七十七条 发行人应当根据重要性原则披露募集资金运用情况:

(一)募集资金拟用于项目建设的,应当说明资金需求和资金投入安排,是否符合国家产业政策和法律、行政法规的规定;并披露所涉及审批或备案程序、土地、房产和环保事项等相关情况;

(二)募集资金拟用于购买资产的,应当对标的资产的情况进行说明,

并列明收购后对发行人资产质量及持续经营能力的影响、是否构成重大资产重组，如构成，应当说明是否符合重大资产重组的有关规定并披露相关信息；募集资金拟用于向发行人控股股东、实际控制人或其关联方收购资产的，如对被收购资产有效益承诺，应当披露效益无法完成时的补偿责任；

（三）募集资金拟用于补充流动资金的，应当说明主要用途及合理性；

（四）募集资金拟用于偿还银行贷款的，应当列明拟偿还贷款的明细情况及贷款的使用情况；

（五）募集资金拟用于其他用途的，应当明确披露募集资金用途、资金需求的测算过程及募集资金的投入安排。

第七十八条 发行人应当披露报告期内募集资金运用的基本情况。如存在变更募集资金用途的，应当列表披露历次变更情况、披露募集资金的变更金额及占所募集资金净额的比例，并说明变更事项是否已经公司董事会、股东大会审议以及变更后的具体用途。

二、北交所不定向增发募集说明书关于募集资金运用的制度规则

根据《公开发行证券的公司信息披露内容与格式准则第48号——北京证券交易所上市公司向不特定合格投资者公开发行股票募集说明书》第二章第九节"募集资金运用"，具体规定如下。

第七十二条 上市公司应当结合公司现有主营业务、生产经营规模、财务状况、技术条件、管理能力、发展目标合理确定本次发行募集资金用途

和规模。上市公司应当披露募集资金的具体用途和使用安排、必要性、合理性、可行性及募集资金管理制度、专户存储安排等情况。

第七十三条　上市公司应当根据重要性原则披露本次发行募集资金运用情况：

（一）募集资金拟用于项目建设的，应当说明资金需求和资金投入安排，是否符合国家产业政策和法律、行政法规的规定，并披露所涉及审批或备案程序、土地、房产和环保事项等相关情况；

（二）募集资金拟用于购买资产的，应当对标的资产的情况进行说明，并列明资产定价的合理性、收购后对上市公司资产质量及持续经营能力的影响；相关资产独立运营的，披露其最近一年一期的业务发展情况和经审计的财务信息摘要，分析主要财务指标状况及发展趋势；按照本次发行前最近一期经审计的财务数据，是否构成重大资产重组，如构成，应当说明是否符合重大资产重组的有关规定并披露相关信息；

（三）募集资金拟用于补充流动资金的，应当说明主要用途及合理性；

（四）募集资金拟用于偿还银行贷款的，应当列明拟偿还贷款的明细情况及贷款的使用情况；

（五）募集资金拟用于其他用途的，应当明确披露募集资金用途、资金需求的测算过程及募集资金的投入安排；形成商誉的，应当披露商誉相关情况。

第七十四条　上市公司应当披露报告期内募集资金运用的基本情况。如存在变更募集资金用途的，应当列表披露历次变更情况、披露募集资金的变更金额及占所募集资金净额的比例，并说明变更事项是否已经公司董事会、股东大会审议以及变更后的具体用途。

三、北交所定向增发募集说明书关于募集资金运用的制度规则

根据《公开发行证券的公司信息披露内容与格式准则第49号——北京证券交易所上市公司向特定对象发行股票募集说明书和发行情况报告书》，关于募集资金运用的要求如下。

第八条 上市公司应当披露以下内容：

……

（九）报告期内募集资金的使用情况。

（十）本次募集资金用途及募集资金的必要性、合理性、可行性。本次募集资金用于补充流动资金的，应当按照用途进行列举披露或测算相应需求量；用于偿还银行贷款的，应当列明拟偿还贷款的明细情况及贷款的使用情况；用于项目建设的，应当说明资金需求和资金投入安排，是否符合国家产业政策和法律、行政法规的规定；用于购买资产的，应当按照本准则第九条至第十三条的规定披露相关内容；用于其他用途的，应当明确披露募集资金用途、资金需求的测算过程及募集资金的投入安排。

（十一）本次发行募集资金专项账户的设立情况以及保证募集资金合理使用的措施。

……

 **后记**

在当今的移动互联网时代，人们已经习惯于通过互联网搜索信息、接收信息、学习知识，线下读一本纸质版的书已经很难了，写一本书更加难。但我一直怀着一个理想，就是出版一本书和办一场国画展，前者是对自己职业生涯的完美交代，后者是弥补儿时梦想错失的遗憾。曾经有一位保荐代理朋友说我是被咨询耽误的画家，其实，不耽误，两者可以并存发展。

时间追溯到2021年，我们的业务受到多方面的严重影响，直到2023年才慢慢恢复。平时工作疲于奔命，我无暇分心停下来总结，正好趁着疫情防控期间，好好梳理职业生涯的知识体系和工作经验总结。另一个促使我撰写本书的原因，就是这个细分行业风风火火地发展了将近20年，居然没有一本专业的指导书，很多新顾问对这块业务难以上手，就算老顾问带新顾问的"老带新"模式也很难做到精通，行业急需一本实操指南书，这激发了我要出版本书的欲望，也算是为行业贡献自己的一份微薄之力。

本书从立意、撰写、修改、定稿到出版，历时一年有余。在此期间，我偶尔会回想起12年前，我无意间迈入咨询业，从一个咨询新人成长为一名咨询专家，12年磨一剑。身边的同事、客户、合作伙伴见证了我的成长。

感谢客户，客户的选择给我提供了实践的舞台，每次看到服务过的客户成功上市或融资成功，备受鼓舞。

感谢合作伙伴，在每个项目中遇到的专业中介机构，都能让我的专业能力得到提升。

感谢同事，因为有并肩作战的同事，每个项目都能成功交付，赢得客户的认可。

感谢老东家和现公司，给我提供一个奋斗的平台。

感谢我的家人的陪伴和支持。

最后，感谢蔡春华老师为本书提供宝贵的资料和数据。

诚然，由于知识的片面性和经验有限，本书许多内容还有待商榷之处，敬请广大读者朋友指正。同时，欢迎读者朋友就募投项目的相关话题与我展开讨论和交流，联系方式13580417157（微信同号）。

易婉华